语文课本里
的科学素养

主编　陈诚

神奇的花生

湖南电子音像出版社
Hunan Electronic And Audio-visual Publishing House

·长沙·

图书在版编目（CIP）数据

神奇的花生 / 陈诚主编 . –– 长沙 : 湖南电子音像
出版社 , 2023.9（2024.5 重印）
（语文课本里的科学素养）
ISBN 978-7-83004-491-6

Ⅰ.①神… Ⅱ.①陈… Ⅲ.①阅读课—小学—教学参
考资料 Ⅳ.① G624.233

中国国家版本馆 CIP 数据核字 (2023) 第 171076 号

神奇的花生

SHENQI DE HUASHENG

主　　编：陈　诚
出 版 人：黄永华
责任编辑：刘德华　傅　蓉　朱　懿
美术设计：唐　茜
出　　版：湖南电子音像出版社
印　　刷：永清县晔盛亚胶印有限公司
发　　行：河南省新华书店
开　　本：710mm×1000mm　1/16
印　　张：8
字　　数：68 千字
版　　次：2023 年 9 月第 1 版
印　　次：2024 年 5 月第 2 次印刷
书　　号：ISBN 978-7-83004-491-6
定　　价：28.00 元

如有印装质量问题，请与生产服务中心调换。
联系电话：0731-82228602

声明：在本书编写过程中，个别选文未能联系到作者，敬请原作者看到本书后
及时和我们联系，以便我们按国家规定支付稿酬并赠送样书。
联系人：陈老师 18670089796

小故事，大科学

    科学与文学的精彩碰撞，既能培养文学思维，又能激发探索科学世界的精神。在语文课本中，已经介绍过不少的科学文章。回想课文，相信小读者在读到《小壁虎借尾巴》时，也想和小伙伴们一起找到各种动物尾巴的秘密；读到《太空生活趣事多》时，也希望有一天自己能探索太空；读到《跨越百年的美丽》时，内心会受到科学家们科学精神的撼动。

    其实，不仅仅是这些科学文章，语文课本中还含有许许多多的科学因素。《语文课本里的科学素养》（小学版）这套书秉承科学与文学相融、理性与人文相生的理念，紧贴新课标，涵盖自然、天文、地理、环保等多门学科，采用跨学科的视角，将课内所学知识延伸至课外，构架起课内与课外的桥梁，带领读者从小故事中探究大科学原理。

    在呈现形式上，本书用儿童的眼光看世界，以日常化和故事化的表达方式，用富有想象力的构思来讲述理性的科学，让科普阅读更具有感染力。在这里，小读者将与小兔乖乖、小猴皮皮、小熊奔奔等好朋友一起，去奇幻的月光森林、辽阔的阳光草原甚至神秘的大海探险。这些好朋友会用自己的故事告诉小读者们：彩虹是如何形成的？风从哪里来？大雁为什么要排队飞行？……每篇故事都配有精心绘制的大量贴合人物形象、契合故事情节的精美插图，为富有意蕴的文字增添趣味。同时，故事中的优美词语以彩色字标出，可以有效地增加小读者的词汇量，为写作打下语言基础。

在栏目设计上，本书课文之后的"课本联通"栏目，带领学生回到语文课本，从课文中捕捉和发现科学因子；"科学进阶"栏目对应科学故事，系统化讲解科学知识，强化科学思维，助小读者们一窥科学世界；"灵光乍现"栏目将对科学知识的获取化为主动探究，引导小读者们思考更多相关的科学知识，锻炼发散思维。

期望这套丛书能用天马行空的趣味科学故事，为小读者提供探索世界的宏大视角，也希望这套书能够让小读者用积极探索的心态去关注身边的事物，唤起其对自然和生命的热爱，从而爱上阅读，爱上科学。

编者

目录

 神奇的花生

春天，小松鼠在地里种了很多花生。他想着秋天花生成熟后可以收起来，冬天来临时，也不用为食物发愁了。

过了一周，花生地里长出了花生幼苗，绿油油的，看起来很有生命力，但就是个子很矮。小松鼠想：把苗儿拔一下，不就长高了吗？说干就干，他正准备拔的时候，小鹿阿姨路过这里，拦住了小松鼠。小鹿阿姨说："不能**拔苗助长**，你不知道人类也犯过同样的错吗？他们中曾经有人想把苗拔起来，帮助植物长高，结果一拔，根就断了，苗儿也就枯死了。这

得让它自个儿长高呀！"

小松鼠说："那苗儿矮矮的，怎么办？"

小鹿阿姨回答说："放心吧，它自己会长起来的！"

不久，小幼苗长高了，就是不开花，小松鼠可着急了，又去找小鹿阿姨，问："小幼苗是长高了，可怎么不开花呀？"

小鹿阿姨说："你的花生才种了一个月不到，时间不长。再过一段时间，花生自然会开花的！"小松鼠听完恍然大悟，于是心满意足地回家了。

这天，小松鼠还是像往常一样来到他的花生地里浇水施肥。他惊奇地发现，花生苗开出了明黄色的小花。一朵朵明黄色的小花，在阳光的照耀下显得格外艳丽。小松鼠开心地叫道："我的花生开花了，马上就要结果了！太好了，太好了！"

之后，小松鼠去花生地里更勤快了。他每天都给花生除草，捉虫。遇到大太阳天，小松鼠还会给花生浇水，生怕有个什么闪失。他迫不及待地等着花生结果。

一天，两天，三天……好多天过去了。花生苗上的小黄花已经凋谢了，而花生还是没有结果。看着花生地，小松鼠陷入了沉思：为什么不结果呢？难道是时间不够？

于是，小松鼠等啊，等啊，一直等到秋天，也没看见一个花生，小松鼠**百思不得其解**。难道是我哪里做得不够好？想着想着，小松鼠坐在花生地里哭了起来。

这时小鹿阿姨从花生地里经过，看到小松鼠坐在地上**号啕大哭**，急忙走上前来问："小松鼠，你怎么了？"

小松鼠沮丧地答道："小鹿阿姨，秋天是收获的季节，小山羊他们种的瓜果都结果了，为什么我种的花生只开花，却不结果呢？我天天给它们除草、浇水，我付出了这么多，却连一颗花生也没有看见。"

小鹿阿姨笑了，说："傻瓜，花生的果实是长在地下的。花生虽然是在地面上开花受精的，但子房怕光，需要在黑暗和潮湿的环境里发育。所以子房就逐渐生长，扎进土壤，在土壤中长出荚果。不信，你刨开土地看看，是不是有很多花生啊！"

小松鼠赶紧刨开了地，果然，在花生的果针上，结满了一颗颗胖乎乎的果实。小松鼠高兴极了，**兴高采烈**地说："我的花生结果啦！"

小鹿阿姨笑着说："不同植物有不同特性，不是所有的瓜果蔬菜都在地面上结果哟！"小松鼠认真地点了点头。

课本联通

父亲说："花生的好处很多，有一样最可贵。它的果实埋在地里，不像桃子、石榴、苹果那样，把鲜红嫩绿的果实高高地挂在枝上，使人一见就生爱慕之心。你们看它矮矮地长在地上，等到成熟了，也不能立刻分辨出来它有没有果实，必须挖起来才知道。"

义务教育教科书语文五年级节选

科学进阶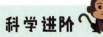

落花生，又叫花生，属豆科的一年生草本植物。果实外皮粗糙，多数带有方格花纹，果实内有一层透明薄皮。颜色以浅红色为主，有少数为深紫色。其茎直立或匍匐，长 30～80 厘米，根部有丰富的根瘤，花果期为 6～8 月。落花生性喜高温干燥，适宜生长在气候温暖、生长季节较长、雨量适中的沙质土地。落花生原产南美洲，中国栽种地区极广。落花生是主要的油料作物。

落花生开花受精之后，子房需要在较为黑暗的地里暗暗生长结果，因此得名落花生。

灵光乍现

① 你还知道哪些植物与花生一样，地上开花，地下结果？

② 读了这个小故事，你受到了哪些启发？

调皮的台风

在神秘的蓝色星球里有一个森林王国，居住着许许多多的小动物。这里的小动物分工明确，**各司其职**。

小熊是森林王国里的清洁员，负责整个王国的卫生。这天，小熊像往常一样**任劳任怨**地打扫着街道。这时，小松鼠走了过来，说："小熊，等你打扫完卫生，我们一起去踢足球吧。"

"踢足球？太棒了！"小熊兴奋地说。

"是的，快走吧！"小松鼠回答道。

小熊陷入了沉思，他已经很久没有去踢过足球了，他很想和小松鼠一起去，可是他看了看还没打扫完的卫生，就放弃了去玩的想法。

"你去找别人玩吧，我还要很久才能打扫完街道，等我把清洁任务全部完成估计天都快黑了。"

小熊沮丧地说。

"我帮你一起打扫吧，这样我们就能去踢足球了！"小松鼠拿起扫把扫了起来。小熊看着小松鼠帮助自己打扫的模样，十分感动。

突然，一阵微风吹过，把地上的垃圾都吹到了一起。看着地上被吹在一起的垃圾，小松鼠立马想到了一个 **一劳永逸** 的好办法。

"小熊，小熊，我想到了一个不用我们打扫的好办法了！"小松鼠兴奋地说。

"什么办法？"

"我们可以找风来帮忙。力气最大的风叫台风，让它帮忙的话，肯定一下子就能把所有垃圾都刮跑。"

"你真是太聪明了！我们快去找台风吧。"

于是，小熊和小松鼠坐在好朋友老鹰的背上，飞上了天空。

"快看，那些云怎么变成灰色的了！"小熊指着前方的云说。

"好大的风呀，台风，是你吗？你在附近吗？"小松鼠问。

"不是，我只是大风。想找台风，要去南方靠海的地方才可以。"一旁工作的大风答道。

就这样，小熊和小松鼠告别了大风，一边欣赏着沿途的风景，一边继续往南飞。他们来到了南方的海边，那里非常热，小熊被热得**大汗淋漓**。他着急地说："台风到底在哪里呀？"

"快看，阳光把海水晒成了水蒸气，水蒸气在往上升呢。"只见水蒸气们来到空中，迅速形成了大朵大朵的乌云。乌云里的热气上升，周围较冷的空气补充进来，越变越大。终于，它开始移动了，同时卷起了一股大风，海面上也变得**波涛汹涌**了起来。

突然，一道闪电划破了天空，轰隆隆的雷声响了起来！小熊他们来到了海面上。"一定是台风来了！"小松鼠喊道。

"台风，你在这里吗？"小熊的话音刚落，海面上的狂风就把他们刮得晕头转向。

"听大风妹妹说，你们在找我？"听到他们的喊声，台风回答道。

小熊迟疑地说："我想让你帮我扫地……"

听到小熊的话，台风哈哈大笑起来，说："当然可以！其实我已经开始扫地了，

不信你看。"

小熊立马看向地面，只见地面上的房子、树木都被刮倒了，海面上海浪翻滚，船也被掀翻了。小熊**目瞪口呆**地看着地面上的一切，急忙喊道："这不是扫地！你这是在搞破坏！快停下！"

台风沮丧地说："这不是你想要的吗？"

小熊生气地说："我只想要你帮我打扫卫生，没有叫你把房屋和树木刮倒，把船掀翻……"

"事已至此，我也无能为力了。我的力量已经快用完了，接下来会越来越弱，然后消失。是时候跟你们告别了，再见！"台风惭愧地对小熊说。说完，台风"嗖"的一下就消失得**无影无踪**了，只留下**面面相觑**的小熊和小松鼠。

"都是我的错，我不该投机取巧，找台风帮忙。"小熊看向地面被台风破坏的一切，**垂头丧气**地说。

"现在不是**自怨自艾**的时候，我们快回去和大家商量一下怎么重建家园吧！"小松鼠说道。于是他们坐上老鹰，快马加鞭地往家里飞去。

课本联通

　　故乡靠海，八月是台风季节。桂花一开，母亲就开始担心了："可别来台风啊！"母亲每天都要在前后院子走一回，嘴里念着："只要不来台风，我就可以收几大箩。送一箩给胡家老爷爷，送一箩给毛家老婆婆，他们两家糕饼做得多。"

义务教育教科书语文五年级节选

科学进阶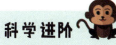

　　台风是热带气旋的一种，通常发生在太平洋西部海洋和南海海上，是一种强大而深厚的"热带天气系统"。影响我国东南沿海地区的台风，以 7～9 月最为频繁。台风经过的地区常有狂风暴雨，沿海有高潮巨浪。

　　台风来临前，应准备好手电筒、食物、饮用水及常用药品等；关好门窗，进行检查并加固；检查电路、炉火、煤气等设施是否安全。台风来临时，在室外要注意高空坠落的物体，如树木、花盆、广告牌等；要远离正在施工的高楼。

灵光乍现

① 你眼中的台风是什么样子的呢？

② 除了台风你还认识哪些风呢？

桂花树与牵牛花

　　这是一座农村的房屋，有着灰色的墙，棕色的瓦，推门能见山，屋后有三分良田，院子四边的篱笆上爬满了还未开花的牵牛花。屋前院子里种着一棵高大的桂花树。此时，夕阳余晕透过层层枝叶洒在屋舍上，给屋舍抹上了一层黄灿灿的颜色，屋顶的烟囱里也冒出缕缕炊烟。

　　从屋子里走出一大一小两个身影。小女孩名叫琪琪，她身穿红色裙子，面带微笑地走在前面，手里拿着爷爷亲手制作的纸飞机。琪琪的爷爷紧随其后，双手向前伸着，护住琪琪，生怕她摔跤。

　　"爷爷，快看！"琪琪扬起手臂，用力向前一抛，纸飞机便像一只自由自在的小鸟展翅高飞了起来，在空中留下一道美丽的弧线。

院子里的桂花树将眼前的一幕尽收眼底，对旁边的牵牛花说："牵牛花妹妹，你说，要是我们也能像纸飞机一样自由飞翔该多好啊。"

"嘿嘿，虽说我不能在空中飞翔，但是我可以沿着竹篱笆攀爬，自由生长，不像你哦，只能一辈子待在原地一动不动。"牵牛花骄傲地说。

"但是我比你站得高，看得远。"桂花树反驳道。

"站得高有什么用，你又不会飞，走得远才厉害呢。而且你只有干巴巴的树干和难看的树叶，不像我有青翠欲滴的叶子，还会开出艳丽的花。"

"谁说我不会开花，等到了秋天，咱们一较高下。"

时间如白驹过隙，转眼来到了秋天。院子里的竹篱笆上爬满了紫色的牵牛花，而旁边的桂花树上也开满了如金子般的花。

"牵牛花妹妹，你看出来我有什么变化吗?"桂花树兴高采烈地问牵牛花。

"当然看出来了，不就是多了许多花嘛，那么小，有什么值得炫耀的，我的大多了，而

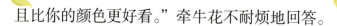

且比你的颜色更好看。"牵牛花不耐烦地回答。

"都好看，**各有千秋**。"桂花树知道牵牛花的脾气，不愿和她一般见识。

"什么各有千秋，明明是我更胜一筹。"牵牛花气鼓鼓地说。

"你怎么非要争个输赢，我不和你争了。"桂花树无奈地摇了摇头。

"本来就是嘛。"牵牛花不服气。

面对牵牛花的反驳，桂花树不再作出回应，而是安静地待着。突然，一阵微风袭来，吹得桂花树的树枝摇晃了起来，空气中顿时弥漫着一股清香。

"好香啊，是哪里散发出来的味道?"牵牛花也嗅到了清香。

"是我。"桂花树回答道。

"你?"牵牛花**不可思议**地看着桂花树。

"是的。是我的花瓣散发出来的清香。别看花瓣很小，它的优点可不少呢。"桂花树耐心地解释。

"什么优点?"牵牛花好奇地问，她对桂花树的态度不知不觉中发生改变。

"我们桂花散发的清香能香飘十里，令人心旷神怡。不仅如此，我们还被人类做成桂花糕食用，甚至可以用来治疗咳嗽呢。"

"真的假的，小小的桂花能有这么多优点?你不会是骗我的吧。"牵牛花**半信半疑**地说。

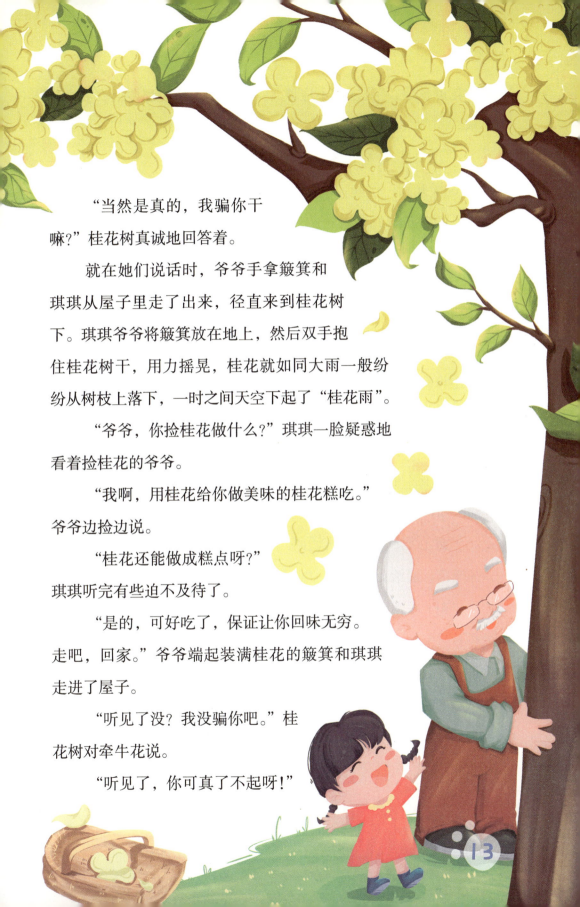

"当然是真的，我骗你干嘛？"桂花树真诚地回答着。

就在她们说话时，爷爷手拿簸箕和琪琪从屋子里走了出来，径直来到桂花树下。琪琪爷爷将簸箕放在地上，然后双手抱住桂花树干，用力摇晃，桂花就如同大雨一般纷纷从树枝上落下，一时之间天空下起了"桂花雨"。

"爷爷，你捡桂花做什么？"琪琪一脸疑惑地看着捡桂花的爷爷。

"我啊，用桂花给你做美味的桂花糕吃。"爷爷边捡边说。

"桂花还能做成糕点呀？"琪琪听完有些迫不及待了。

"是的，可好吃了，保证让你回味无穷。走吧，回家。"爷爷端起装满桂花的簸箕和琪琪走进了屋子。

"听见了没？我没骗你吧。"桂花树对牵牛花说。

"听见了，你可真了不起呀！"

牵牛花道歉道，"我之前不应该**趾高气扬**地对你说那些话，我向你道歉。"

"没关系。"桂花树微笑着说。

过了几天，傍晚，琪琪和爷爷坐在院子里乘凉，他们看到神色凝重的花花妈妈背着花花从门前走过，琪琪爷爷忙叫住她："花花妈妈，你背着花花干什么去，走得那么着急？"

"我家花花生病了，一直咳嗽，声音都哑了。我准备带她去镇上的医院看病。"

"原来是这样，这几天天气转凉，花花八成是受凉了，但是症状还算轻，我给你拿一些桂花，用热水冲泡，喝个几天估计就好了。不过要注意，如果症状比较严重还是得及时去医院。"琪琪爷爷听花花妈妈说完，又看了看花花，摸了摸花花的额头。

"桂花？它可以缓解咳嗽的症状？"尽管知道琪琪爷爷略懂一些中医知识，花花妈妈还是对桂花的这种功效有些疑虑。

"放心吧，我不会害她的。"琪琪爷爷说完回到屋子里，拿来一些桂花，递给花花妈妈，"赶紧回家泡给花花喝吧。"

"好的，谢谢您了。"花花妈妈接过桂花，带着花花急匆匆地回家了。

牵牛花很喜欢花花，她听见琪琪爷爷和花花妈妈的对话，也跟着着急了，担忧地说："花花生病了，她看起来很难受。"

"没事的，只要喝了桂花茶，她会好起来的，你别担心。"桂花树安慰道。

"真想亲自去看着她好起来啊。"

琪琪好像听见了牵牛花的声音似的，对爷爷说："爷爷，花花是我的好朋友，我想去花花家陪她。"

"不用担心，她很快就会好起来的。"爷爷安慰道。

一个星期后，花花妈妈带着花花来到了琪琪家，高兴地告诉琪琪爷爷，花花的咳嗽已经好了。

"没想到，桂花茶原来还有这么神奇的功效！"花花妈妈兴奋地说。

"是啊，桂花泡茶不仅可以止咳化痰，治疗胃寒，长期喝还能美容养颜呢。"

"桂花可真是个宝。"

"是的，等会儿我给你再拿一些，你拿回去喝。"

"好的好的，实在太感谢您了。"

篱笆上的牵牛花听了，对桂花树投去了钦佩的目光。一阵微风吹来，空气中弥漫着沁人心脾的清香……

课本联通

中秋节前后，正是故乡桂花盛开的时节。

小时候，我无论对什么花，都不懂得欣赏。父亲总是指指点点地告诉我，这是梅花，那是木兰花……但我除了记些名字外，并不喜欢。我喜欢的是桂花。桂花树的样子笨笨的，不像梅树那样有姿态。不开花时，只见到满树的叶子；开花时，仔细地在树丛里寻找，才能看到那些小花。可是桂花的香气，太迷人了。

义务教育教科书语文五年级节选

科学进阶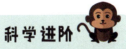

桂花是常绿小乔木或灌木，花梗较细弱，且花丝极短，花极芳香；叶对生革质，呈长椭圆形；花期为 9～10 月。桂花的品种有金桂、银桂、丹桂、四季桂之分。桂花还是中国十大名花之一。

桂花主治胃寒腹痛，同时还具有治痰止咳的效用。除了药用价值外，桂花还可以加工成桂花糕，还可以酿制桂花酒，泡桂花茶。

灵光乍现

1 桂花还可以用来做什么呢？
2 你还知道哪些花有药用价值呢？

可怕的洪水

在城市的南边，有一个如同世外桃源的地方，那里四季分明，空气清新，森林里的树木枝繁叶茂。那里还有一条无名的小溪，溪水潺潺流淌不息。小溪的两岸是一个名叫幸福村的小村庄，住在这里的村民和睦相处，安居乐业，日子过得十分滋润。

明明的家就在这里，他最喜欢做的事就是和好朋友三三去小

溪里捉鱼摸虾。

　　这天，明明正在家里吃饭，好朋友三三来了。"明明，走，去小溪摸虾去。"三三喊道。

　　"等我一下。"明明三下五除二就把碗里的饭菜吃光了。

　　吃完饭，明明和三三带上水桶，迈着轻快的步子向小溪走去。来到小溪边，明明和三三分头行动，一个在左边，一个在右边，他们翻开了一个又一个的石头，不放过任何一只鱼虾。

　　"快看，我找到了一个！"明明将小虾捧在手心，向三三炫耀自己的战利品。

　　三三闻声赶去，只见一只晶莹剔透的小虾正在明明的手心里

一蹦一跳的，似乎在说："快把我放回小溪妈妈的怀抱，不然我就用身体砸你，跟你同归于尽！"

对于小虾的耀武扬威，明明和三三不以为意。"嘿嘿，别跳了，你是逃不脱我们手掌心的。"三三用手轻轻捏了捏小虾，得意扬扬地说。

"就是就是，你已经是我们的盘中餐了，别做无谓的挣扎。"明明笑嘻嘻地附和着。

明明和三三玩够了，就把小虾装进了带来的水桶里。三三还调皮地对小虾说："小虾，委屈你先在水桶里待一会儿，等会儿就带你回家。"

"三姐在此，小虾快快现身。"三三食指和中指并拢，指向脑袋两侧，其他手指弯曲，嘴里念念有词。

明明被这一幕逗得开怀大笑，说："你干嘛，你以为你是电视剧里的大侠吗？"

"我感应到了，这块石头下面有虾。"三三边走边指着一块小石头说。她翻开石头，果然有几只虾躲在里面，只是石头搬开的瞬间，小虾**一哄而散**，向远处游去，好像在说："小样，还想捉我们，你还太嫩了点。"她立马用手去捞，什么也没捞到，三三不甘心地用手砸向水面，溅起了许多水花。

明明见状忙安慰道："没关系，**再接再厉**。"

一人的力量是有限的，明明和三三开始互相配合，共同协作，经过他们俩的努力，最后收获满满一桶小虾。他们提着水桶，唱着歌，高高兴兴地回家了。

回到家后，明明妈妈将明明捉来的小虾做成了美味佳肴。吃着自己亲手捉来的虾，明明别提多开心了。

日子就这样一天天过去。突然有一天，幸福村来了几个陌生人，说要在这里建木材厂。刚开始，村民们听见这个消息都极力反对。但是工厂老板说木材厂建好后，他可以给每家提供一个工作岗位，并给他们丰厚的报酬，而且从这里砍伐的树木所卖出的钱可以与村民们共享。他还说这是带领大家走向富裕，把幸福村变成富裕村。对于世世代代生活在这里，且很少出过村的村民们来说，这无疑是难以抗拒的诱惑。最后，大家妥协了。

一辆辆大车拉着大型机器**陆陆续续**地进入了幸福村。明明指着正在搭建木材厂的人问：

"爸爸，他们在做

什么？怎么下面还有那么多大型机器？"

"他们在建木材厂，爸爸以后就在这里工作，挣钱养家，我们的日子肯定会越过越红火。"明明爸爸满怀憧憬地说。

木材厂建好后，工厂老板兑现了承诺，让幸福村的人来这里上班，有的人负责砍伐树木，有的人负责搬运，有的人负责切割……大家**各司其职**，每天**按部就班**地工作。大家手上拿的钱越来越多，脸上的笑容越来越多，可山上的树木却越来越少。大家都在为自己拿到的钱而**沾沾自喜**，却不知道这些改变将会造成多么恶劣的后果。

夏天到了，幸福村里的一切还是那么美好，小孩在院子里玩耍，蝉在树上鸣叫，青蛙在田间纵情地歌唱。殊不知一场浩劫将要来临。

这天，倾盆大雨"哗哗哗"地下个不停。明明看着窗外的大雨，不免有些担心，他对妈妈说："这么大的雨，爸爸回得来吗？我去给爸爸送伞吧。"

妈妈说："雨太大了，你别去，爸爸自己会想办法的。"

"可是……"

"好了，你乖乖在家等爸爸吧，他马上就要回来了。"

过了一会儿，明明见爸爸还没回来，不免有点焦急，时不时地望向门外。

"山洪来了，快跑！"妈妈一边喊一边抱起不知所措的明明，向山坡上跑去。

"妈妈，我的玩具还没拿。"明明说。妈妈没有回答明明的话，马不停蹄地跑着，一刻也不敢耽搁。到了安全地区，妈妈才将明明放了下来。明明小心翼翼地往山下看去，只见山洪如一条巨龙般不断地吞噬着牛羊、房屋、田地。明明此刻才感到后怕，要是没有妈妈，自己可能早就是洪水的腹中餐，再也见不到爸爸妈妈了。对了，爸爸！"不知道爸爸现在怎么样了？他应该和我们一样躲过了洪水的袭击了吧，对吧！"像是怕妈妈说出自己不想听到的回答，明明特意加上了肯定的语气。

"是的。爸爸身强力壮，肯定跑得比我们还快。"妈妈说。

"对，爸爸是超人。"明明得到肯定的回答后，终于露出了笑容。

"这次的山洪**来势汹汹**，幸好我们跑得快才幸免于难。虽说知道每年的汛期是山洪暴发时期，但没想到今年居然这么恐怖。"妈妈望着山下的洪水说。

"妈妈，什么是'汛期'？"

"江河由于流域内降水或冰雪融化，引起水位上涨的时期就叫汛期。简单来说就是河流水盛的时期。我们这儿汛期一般出现在夏季，特别是7、8月。懂了吗？"

"我懂了。可为什么这次山洪特别猛烈呢？"明明点了点头。

"因为突降暴雨，加上人们砍伐树木，所以导致这场山洪如此猛烈。"

"砍伐树木还会引发山洪暴发吗？"

"对，除了高强度的降雨或冰雪融化，人为的工程建设会对山体造成破坏，乱砍滥伐森林更会引发山洪暴发。"

"太可怕了，等洪水退去，我们就让村民聚集在一起，让木材厂搬出去，不再砍伐森林了。"

"是的，赚钱固然重要，但是保护家园比赚钱更重要。"

此时，大雨已经渐渐地停息了，明明和妈妈望着山下，祈祷着洪水赶快退去……

课本联通

　　我的家乡有一条无名小溪，五六个小村庄分布在小溪的两岸。小溪的流水常年不断。每年汛期，山洪暴发，溪水猛涨。山洪过后，人们出工，收工，赶集，访友，来来去去，必须脱鞋挽裤。进入秋天，天气变凉，家乡的人们会根据水的深浅，从河的两岸找来一些平整方正的石头，按照二尺左右的间隔，在小溪里横着摆上一排，让人们从上面踏着过去，这就是搭石。

　　　　　　　　　　　　　　　　　义务教育教科书语文五年级节选

科学进阶

　　山洪是指在山区沿河流及溪沟形成的暴涨暴落的洪水及伴随发生的滑坡、崩塌、泥石流。山洪具有突发性，水量集中、流速大、冲刷破坏力强，水流中挟带泥沙甚至石块等。山洪一般分为暴雨山洪、融雪山洪、冰川山洪等。

　　遭遇山洪时的自救方法：1.保持冷静，尽快向上或较高地方转移。2.不要沿着行洪道方向跑，而要向两侧快速躲避。3.千万不要轻易涉水过河。4.如被山洪困在山中，应及时与当地有关部门取得联系，或发出求救信号，寻求救援。

灵光乍现

1 如果你在山区，遇上山洪暴发你该怎么自救？

2 你还知道哪些自然灾害？

短跑冠军——猎豹

森林里有一个动物王国，住着一群可爱的动物们，他们**无拘无束**地生活着。

这天，动物王国的国王老虎宣布下个月举行一场短跑比赛，冠军将会有丰厚的奖品。消息一出，前来报名的动物**络绎不绝**，鸵鸟、狮子、羚羊……都来报名参赛。猎豹和好朋友小兔听到消息后也马不停蹄地赶来报名，他们都希望能在比赛中拿个好名次。

报完名后，猎豹对小兔说："这个月我们俩好好练习，争取拿个冠军。"兔子回答道："好，我们一起加油！"

一旁骄傲自大的狮子听见了他们俩的对话，不屑地对他们说："拿冠军？笑死我了，你们也不掂量掂量自己几斤几两，还想拿冠军？冠

军只能是我的！"

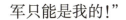

猎豹听到狮子的话反驳道："凡事都有可能，你不要瞧不起人。"

狮子回答道："我劝你们不要**自不量力**，浪费时间了。你们那么瘦小，怎么和高大威猛的我相比。"

兔子直视狮子说："你别太骄傲，谁是冠军还不一定呢！咱们走着瞧。"

说完，猎豹和小兔子头也不回地走了。

接下来的日子里，猎豹和兔子勤加练习，一刻也不敢松懈。

这天，猎豹和小兔在练习的时候碰见了狮子。狮子见到他俩就**冷嘲热讽**地说："你们俩还没放弃呀，真是够执着的，到时候没拿到冠军可不要哭鼻子哦！"

"谁哭还不一定呢！你敢不敢和我赌一赌？"猎豹看着狮子说道。

"有什么不敢的，怎么赌？"

"如果我拿了冠军，你必须承认是我的**手下败将**，并且要在你家门上挂一条横幅，写上'猎豹是短跑冠军'。如果你拿了冠军，我可以答应为你做一件事。"

"一言为定。"猎豹和狮子都不甘示弱。

....

　　比赛这天终于到了。场外站满了观众，大家都十分期待。比赛开始了，各位选手也都有序入场。猎豹和狮子站在一起，你看看我，我瞧瞧你，都想着拿下冠军。喜鹊"预备——跑"的口令声一响起，选手们便像离弦的箭一样向前冲去。

　　猎豹一开始就冲到了最前面，还没等大家反应过来，他已经冲到了终点，观众的惊呼声响成一片。狮子望着被人群簇拥在中间的猎豹，露出了羞愧的眼神。

　　这时，猎豹来到狮子面前，说："怎么样？心服口服吗？"

　　狮子说："我认输了。不过你的速度怎么那么快？"

　　猎豹解答道："我的身体呈流线型，四肢发达，可以在奔跑时提高速度。我的爪子底部有厚厚的肉垫，同时尾巴犹如船舵，可以控制身体平衡。另外，我的心脏十分强壮有力，能在奔跑中提供充足的氧气。这些完美的'身体装备'，让我得到了冠军。"

　　猎豹说完，大家都恍然大悟。

　　毫无疑问，本次大赛的短跑冠军是猎豹。

课本联通

比鸵鸟跑得更快的动物就要数猎豹了。猎豹奔跑的最大速度可达 110 千米每小时。猎豹才是陆地上跑得最快的动物。

义务教育教科书语文五年级节选

科学进阶

猎豹是食肉目的猫科动物，与其他猫科动物相比，猎豹有着长长的腿和非常纤细的身体。因为猎豹具有流线型的体型，所以跑起步来显得十分轻盈。猎豹的爪短而钝，而且不能收缩，这帮助它在奔跑时抓住地面以提供牵引力，帮助它提高速度。猎豹的脚掌没有其他猫科动物的圆，较硬的肉掌如同胎纹，能帮助它在高速奔跑中快速地急转弯。猎豹长且肌肉发达的尾巴就像一个方向舵，在急转弯时，可以起到平衡的作用，使猎豹不至于摔倒。

身体的特殊结构使得猎豹奔跑速度极快。猎豹奔跑的最大速度可达 110 千米每小时，是陆地上跑得最快的动物。

灵光乍现

动物界的长跑冠军是谁呢？

一起去看流星雨

森林王国有一位痴迷太空的小小天文学家——小狐狸，他整天研究月亮呀、星星呀、宇宙呀……只要是关于太空的一切，他都感兴趣。

这天早上，小狐狸正在家里捣鼓手里的星星模型，电视里传来主持人小松鼠的声音："下面为大家播报一条新闻：一场百年一遇的流星雨将在明天晚上八点钟造访地球，若想目睹这一场震撼人心的狮子座流星雨，请大家及时安排好时间。"这个好消息使小狐狸高兴得手舞足蹈，他蹦蹦跳跳地跑过去对妈妈说："妈妈，妈妈，流星雨要来了，我们明天一起去看流星雨吧！"

"好呀！"狐狸妈妈看着兴奋的小狐狸笑道。

小狐狸激动得原地转圈圈，他恨不得时间立马就到明天，他已经迫不及待地想要去看流星雨啦！

第二天，墙上的钟表还是像往常一样"嘀嗒、嘀嗒"地努力工作，时间也在钟表声中一分一秒地流逝。小狐狸坐在地上玩模型，但不知道怎么的，他一会儿不小心把模型弄倒了，一会儿又不小心把模型安装反了……他总是心不在焉，还时不时地看一眼墙上的钟表，看完后又继续低着脑袋捣鼓着手里的模型。

"孩子，做事要专心致志，不能三心二意。"狐狸妈妈看着小狐狸提醒道。

"今天的时间怎么这么漫长！妈妈，你是不是趁我不注意，偷偷把钟表调慢了？"小狐狸疑惑地问。

"妈妈怎么可能做那种事呢？你觉得时间漫长是因为你有着特别向往和期待的事情，但是这个事情还没有真正地到来，所以在等待的时候你会感觉到时间过得比较漫长。"

"原来是这样。"小狐狸恍然大悟。

听了妈妈的话后，小狐狸不再注意时间，而是专心地研究起手里的模型。时间一晃就到了晚上。他和妈妈吃过晚餐后，就高高兴兴地出门了。

他们来到一块空旷的草地，草地上已经坐满了小动物，小松鼠一家、小兔一家……原来大家都是看了电视的报道，来这里看流星雨的。小狐狸和妈妈在一旁的空地上坐下来，等待着流星雨的降临。

"快看，流星雨！"一个声音传来。

小狐狸立马抬头看向天空，只见一颗颗流星拖着长长的尾巴划破了天际，点亮了漆黑的夜空，就像高空中绽放的美丽烟花。

"啊！多么美丽的流星雨呀！"小狐狸**情不自禁**地发出感叹。

"是呀，多么壮观的景象呀！"狐狸妈妈也忍不住赞叹，"你知道流星雨是怎么形成的吗？"狐狸妈妈产生了疑问。

"是……是……我也不知道。"小狐狸**垂头丧气**地说道。

"没关系，山羊爷爷是我们这里的科学家，你明天可以去问问他，然后再回来告诉我答案。"狐狸妈妈安慰道。

"好的！"小狐狸满口答应。

第二天清晨，小狐狸急匆匆地来到客厅，正准备出门，狐狸妈妈叫住他，说："孩子，你去哪里？还没吃早餐呢。"

"我去山羊爷爷家。"小狐狸拿起一块面包就**迫不及待**出门了。

"不要着急……"狐狸妈妈的话还没说完，小狐

狸早已消失得**无影无踪**了。

　　小狐狸一路往山羊爷爷的家跑去，路上遇见了好朋友小兔子，也急得顾不上打招呼。终于，小狐狸以自己最快的速度来到了山羊爷爷家门前，他立马敲响山羊爷爷的家门。

　　"谁呀？"山羊爷爷的声音从屋里传来。

　　"山羊爷爷，是我，小狐狸。"小狐狸急忙答道。

　　"小狐狸，你这么早找我有什么事吗？"山羊爷爷打开门让他进来，小狐狸累得坐在沙发上。

　　"山羊爷爷，我想向您请教一个问题。您知道流星雨是怎么形成的吗？"小狐狸说明来意。

　　"原来是这个呀。太阳系中除了太阳、八大行星和它们的卫星等天体之外，还有一些尘埃和小碎粒，它们统称为'流星体'。流星体也围绕太阳运动，在接近地球时，地球引力的作用会使其轨道发生变化，从而进入地球大气层，并与大气层撞击产生热量，在夜空中表现为一条光迹，这种现象就叫流星。当许多流星来自相同的方向，并在一段时间内相继出现就形成了流星雨。"

　　"原来是这样呀，这也太神奇了吧。而且就像烟花一样，绚烂而美丽。"

　　"是啊，流星雨和烟花一样可以点亮星空，但是也有不同哦。烟花燃烧完了就没了，但是流星雨还有可能'变成'陨石。"

　　"'变成'陨石？"

　　"是的。当流星体在穿越大气层的过程中没有燃烧殆尽，幸存下来并撞击在地球表面时，它就'变成'了陨石。当然，这里说的'变成'陨石并不是真的成了陨石。其实'流星体''流星''陨石'都是宇宙中的碎屑，是同一种物质，只是在不同的状态下有不同的名称而已。"

　　"我懂了。浩瀚的宇宙世界真奇妙啊！"

　　"是啊，神秘的宇宙世界还有很多未解之谜，值得我们去好

好探索呢。"

"山羊爷爷您懂的真多！等我长大了，我也要像您一样，当一名科学家，去探索太空。"

"哈哈哈……你真是个**志存高远**的好孩子，那你可要好好学习，努力积累更多的科学理论知识。"

"我一定会的！"

告别了山羊爷爷，小狐狸迈着自信的步伐，带着梦想与热情，抬头挺胸地走在回家的路上。

一阵清风拂过，路边的花随风摇摆，仰脸微笑，好像在说：一路向前走吧！你一定会实现梦想的！小狐狸好像也听懂了花儿的话，微笑着点点头，**大步流星**地朝家走去。

课本联通

看！前面呼啸而过的东西是什么？跟它的速度一比，火箭就好像是静止的一样。那是流星体！流星体是太空中一种较小的天体。有的流星体运动的最大速度能达到25万千米每小时，是火箭运动最大速度的6倍多。

义务教育教科书语文五年级节选

科学进阶

流星体是太阳系内，小至沙尘，大至巨砾，颗粒状的碎片。流星体进入地球或其他行星的大气层之后，在路径上发光并被看见的阶段称为流星。许多来自相同的方向的流星，在一段时间内相继出现，则称为流星雨。

数量特别庞大或表现不寻常的流星雨会被称为"流星突出"或"流星暴"，每小时出现的流星可能超过1 000颗。

灵光乍现

1 你看见过流星雨吗？是什么样子的？

2 读了这个故事，你受到了哪些启发？

太空旅行记

茜茜是育人小学的学生，她对神秘的太空颇感兴趣，课间休息时间经常看见她捧着一本科学课外书看得津津有味。现在，育人小学有一个和航天员共同"飞天"的名额，为了公平起见，学校决定通过笔试和面试考核确定将名额给谁。经过层层选拔，茜

茜获得了这唯一一个与航天员漫步太空的名额。当茜茜得知这个好消息时，她高兴得手舞足蹈。经过一段时间的严格训练后，茜茜终于达到了出发的标准。

出发当日，茜茜和一名宇航员叔叔一起，乘坐最新一代的"神舟号"宇宙飞船，准备飞往太空。

起飞的时刻马上就要到了，茜茜坐在宇宙飞船里紧张得手心一直冒汗，双腿也一直在发抖。宇航员叔叔看见她的样子，连忙和她聊天，缓解她的紧张情绪。

"茜茜，第一次上太空，心情怎么样？"

"我既兴奋又紧张。"

"放轻松，其实我第一次坐宇宙飞船时也像你一样，慢慢就好了。而且送我们进入太空的这种火箭是科学家们最新研制的固体燃料火箭，推力非常恒定。我们坐在里面会像坐飞机一样平稳。"

"嗯。"

"我再考考你，你知道我国最早的运载火箭是什么吗？"

"我知道！是'长征一号'火箭。"

"对了，看来训练没有偷懒哦。现在还紧张吗？"

"谢谢叔叔，我不紧张了。"

"点火！"随着指挥员一声令下，火箭尾部瞬间喷射出一股巨大的火舌，发出震耳欲聋的声响，火箭托着飞船急速冲向天空，向着浩瀚的太空驶去。

茜茜看着飞船舱外一闪而过的白云，激动得心都快要跳出来了。突然，茜茜感觉身上好像被千斤重的东西压着，压得她喘不过气来，不过，她很快就适应了。

茜茜**目不转睛**地望着飞船舱外，心想，这火箭也太快了。地球变得越来越小，地面上的河流也变得像一根根细线那样弯弯曲曲的。茜茜被这美丽的景色迷住了。

随着火箭的快速上升，他们已经来到了太空。此时，茜茜已处于失重状态，她感觉自己的身体慢慢地变轻了，不一会儿，她慢慢悠悠地飘了起来。茜茜往四周看了看，宇航员叔叔和她一样也飘了起来，船舱里所有的东西都飘起来了，这可真神奇！

宇航员叔叔见茜茜看向了自己，以为她心里害怕，忙安慰道："别害怕，这是太空中的失重现象，你瞧，是不是很有趣?"说着，宇航员叔叔还做了一个后空翻。

"嗯，我不害怕。"茜茜也学着宇航员叔叔的样子做了个后空翻。

适应了失重的感觉后，茜茜慢慢悠悠地来到飞船舷窗边，朝飞船舷窗往下望去，此时的地球变成了一个蔚蓝色的球体，上面还笼罩着一层白白的云雾。而舷窗上方就是深邃的宇宙空间，因为有太阳光的照射，她此刻没有看见星星。茜茜终于真实地感受到了，地球只是浩瀚宇宙中一个小小的天体。

宇宙飞船带着他们来到空间站附近，宇航员叔叔指着它说："看，那就是天宫空间站。"茜茜从舷窗望去，空间站就像一个加上两个大翅膀的巨大的圆环。此时它还在围绕地球运行呢。

宇宙飞船和空间站完成对接后，茜茜和宇航员叔叔走进空间站内，来到控制室。在这里，茜茜通过窗户往外看去，她看到了密密麻麻的星星。望着星星，她**不由自主**地唱起了那首**耳熟能详**的儿歌：

一闪一闪亮晶晶

满天都是小星星

挂在天上放光明

好像许多小眼睛

…………

只是此时的星星并没有对着她眨眼睛，而是静静地悬挂在空中。

突然，窗外有什么东西一闪而过。茜茜非常好奇，就问宇航员叔叔："叔叔，刚刚呼啸而过的东西是什么？"

"应该是流星体。"宇航员叔叔回答道。

"流星体？"

"对。流星体是太空中一种较小的天体。"

"哦，它的速度好快呀，像火箭一样。"

"它的速度可比火箭快多了，有的流星体运动的最大速度能达到 25 万千米每小时，是火箭运动最大速度的好多倍呢。"

"啊！比火箭还快，也太厉害了吧。"

"是的，宇宙中还有很多这样非常神奇的天体。"

听了宇航员叔叔的解释，茜茜不由得感叹道："浩瀚无垠的宇宙就像一个宝藏库，里面有太多神秘的东西了。"

"是的。宇宙还有更多的秘密等着我们去探索呢，所以你要利用这次机会好好地观察。"

"保证完成任务！"茜茜一本正经地朝宇航员叔叔敬了一个礼。

　　"哈哈哈……我看好你哦。"宇航员叔叔被茜茜一脸严肃的表情逗笑了。

　　结束和宇航员叔叔愉快的对话后，茜茜心无旁骛地在空间站里观察起来……

课本联通

看！前面呼啸而过的东西是什么？跟它的速度一比，火箭就好像是静止的一样。那是流星体！流星体是太空中一种较小的天体。有的流星体运动的最大速度能达到 25 万千米每小时，是火箭运动最大速度的 6 倍多。

义务教育教科书语文五年级节选

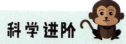

科学进阶

火箭是火箭发动机喷射工质（工作介质）产生的反作用力向前推进的飞行器。它自身携带发动机工作所需的全部推进剂（燃料和氧化剂等），不依赖外界工质产生推力，可以在稠密大气层内外飞行，是实现航天飞行的运载工具。火箭按用途和有效载荷性质分为探空火箭和运载火箭等。

长征系列运载火箭是中国自行研制的航天运载工具。长征运载火箭起步于 20 世纪 60 年代，1970 年 4 月 24 日"长征一号"运载火箭首次发射"东方红一号"卫星成功。

北京时间 2023 年 5 月 30 日 9 时 31 分，搭载神舟十六号载人飞船的长征二号 F 遥十六运载火箭在酒泉卫星发射中心点火发射，发射取得圆满成功。此次任务是长征系列运载火箭的第 475 次飞行。

灵光乍现

你还知道哪些关于火箭的相关知识呢？

谁的速度快

夏天是个爱变脸的季节，它时而哭，时而笑。一会儿晴空万里，一会儿乌云密布，一会儿电闪雷鸣，大雨倾盆……

这天，艳阳高照，小兔跳跳和妈妈准备去菜地里采摘蔬菜。一路上，跳跳**蹦蹦跳跳**的，特别开心。刚到菜地，跳跳就迫不及待摘了一颗大白菜和一根胡萝卜。

跳跳摘完还调皮地把手里的胡萝卜叶子放在头上，然后对妈妈说："妈妈，你快看，我长出了绿色的头发。"跳跳妈妈看着跳跳的模样，"噗嗤"一声笑了出来，然后宠溺地说："你呀你，怎么这么调皮。"

跳跳对妈妈的话却**不以为意**，继续着她的"创作"。她一会儿将白菜叶串起来挂在脖子上当作项链，一会儿将小葱打结挂在耳朵上当作耳坠……

一旁的妈妈看见了，说："跳跳，你不是说要帮妈妈摘菜吗，怎么现在只顾着玩了？"

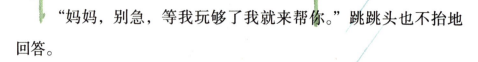

　　"妈妈，别急，等我玩够了我就来帮你。"跳跳头也不抬地回答。

　　跳跳妈妈听了，只能一边摘菜，一边无奈地摇了摇头。

　　原本艳阳高照的天空，突然变得乌云密布。跳跳妈妈意识到马上要下雨了，就对跳跳说："跳跳，别玩了，要下雨了，我们赶快回家吧！"

　　"现在还没下雨呢，再等一会儿吧，妈妈，我还没玩够呢！"跳跳撒娇道。

　　跳跳妈妈又抬头看了看天空，天空乌云翻滚，黑压压的一片，看来雨马上就要

落下来了，该用什么办法让跳跳乖乖回家呢？突然，她想到了跳跳怕打雷，于是就对跳跳说："看这个乌云，等会儿可能要打雷了。"

　　话音刚落地，跳跳就立马跑到妈妈的身边。跳跳妈妈心想：还是这个办法管用。于是拿上蔬菜和跳跳赶忙往家走。

　　一阵狂风吹过，树枝摇摇晃晃，发出"沙沙沙"的响声，似

乎随时都会被折断。不一会儿，大雨倾盆而下，密集的雨珠铺天盖地地砸在地上，发出"噼里啪啦"的响声，把跳跳和妈妈浑身都浇湿了。她们继续马不停蹄地往家里赶。突然间，刺眼的闪电像流星一样划过，紧接着，一阵"轰隆隆"的雷声从远处"滚"过来，把跳跳吓得直往妈妈的怀里躲。

"孩子别怕，有妈妈在。"跳跳妈妈把跳跳紧紧地搂在怀里安慰着，两人加快了回家的脚步。

回到家时，跳跳和妈妈已经被淋成了"落汤鸡"。妈妈赶紧放热水给跳跳洗澡，洗完澡后，跳跳又变得生龙活虎了。

晚上，跳跳躺在床上回想着今天发生的事，心有余悸，就

问妈妈："妈妈，为什么会打雷呢？多可怕呀，要是没有打雷就好了。"

"哈哈，傻孩子，打雷是一种自然现象，我们没有办法让它不出现哦。当天上的积雨云形成以后，云中充满上上下下奔窜的小水滴和冰晶颗粒，这些小水滴和冰晶颗粒发生碰撞吸附了空气中游离的正离子或负离子后，就带了正电荷和负电荷。一般情况下，正电荷在云的上层，负电荷在云的下层。这些正负电荷聚集到一定能量，就会发生猛烈的放电现象，同时又放出很大的热量，使周围的空气受热膨胀。被加热膨胀的空气会推挤周围的空气，引发强烈的爆炸式震动，这就是雷声。你还太小，听不懂也没关系，以后就知道啦！"

"原来如此！那为什么我们总是先看到闪电，然后才听到雷声呢？"

"闪电是光，雷声是声音。闪电和打雷是同时发生的，但光的传播速度比声音的传播速度快，所以我们先看到闪电，后听到雷声。"

"原来如此，我又学到了知识。"

"好了，现在该睡觉了。"

跳跳听话地闭上了眼睛，带着微笑进入了梦乡。

课本联通

　　现在，你一定会认为流星体是人们所能见到的速度最快的物体。不过，还有比流星体运动速度快得多的东西，而且它就在我们身边。只要我们按下手电筒的开关，立刻会出现一束光柱。光的速度是惊人的，大约是30万千米每秒，比流星体的速度要快几千倍！如果按照光速运动，我们一秒钟就可以沿着地球赤道转7圈多，真是令人难以置信！

义务教育教科书语文五年级节选

科学进阶

　　光源分为两类：一类是自然光源，包括太阳、萤火虫等；一类是人造光源，包括电灯、火把等。

　　光每秒能走30万千米，而声音只能走340米，在空气中光速约是声速的882 353倍，光比声音的传播快得多。

　　光在能源（清洁能源）、电子（电脑、电视、投影仪等）、通信（光纤）、医疗保健（光波房、X光机）等方面有广泛的应用。

灵光乍现

①　在打雷的天气里，我们要注意什么？

②　除了打雷和闪电，你还知道自然界的哪些奇特的现象？

"牛郎织女"难相会

小熊今年上小学五年级了。今天，小熊像往常一样来到学校，上午的语文课上学到了唐代诗人林杰的《乞巧》，当绵羊老师读到"牵牛织女渡河桥"时，小熊想起之前在课外书上看到过的牵牛星和织女星，于是问："老师，这里的牛郎织女和牵牛星与织女星有什么联系呢？"

"牛郎织女的
故事就是人们根据牵牛
星和织女星的名字创作出来的。"
老师回答道。

　　"同学们，小熊能够将课外看到的知识与课本学的内容联系
起来，并提出疑问，这种精神很值得同学们学习。"老师看着小熊
表扬道。

　　听完老师说的话，小熊心里可高兴了，听得更认真了，下课
了还在**念念有词**："七夕今宵看碧霄，牵牛织女渡河桥。家家乞巧
望秋月，穿尽红丝几万条。"

　　放学回到家，小熊迫不及待地向爸爸妈妈讲述了今天老师
夸赞他的事，并背诵了今天学的古诗。熊爸爸听完后说："背得不
错，问题也提得不错，我也有一个问题想考考你。"

　　"什么问题？"

　　"天上那么多星星，你知道哪一颗是牵牛星，哪一颗是织女
星吗？"

　　小熊**默不作声**了，他不知道。

　　熊爸爸笑了笑，拉着小熊来到了院子里。

　　熊爸爸指了指天空说："你看，天空中的乳白色亮带，那就是
传说中的天河，也是现代天文学中所说的'银河系'。现在是夏

天，在夜空中你可以找到横跨银河的三颗亮星，分别是织女星、天津四和牵牛星。它们可以连成一个近似的直角三角形，就是'夏季大三角'。在这个'夏季大三角'当中，有两颗星星好像隔着银河远远相望，其中一颗比较亮，那就是织女星，另一颗较暗的就是牵牛星。"

"原来找到'夏季大三角'就可以找到牵牛星和织女星了呀!"

"是的。那你知道牵牛星和织女星相距多远吗?"

"既然它们之间隔了一条银河，那就是银河宽度那么远?"

"哈哈哈……不对。牵牛星和织女星仿佛远远地隔着一条银河，但其实那只是星空中出现的一个视觉误差，牵牛星、织女星和地球一样，都被包含在银河系内部，而它们之间的实际距离有16.4 光年。所以牛郎织女想用光速来个视频通话，也要16.4 年之后才能接通。这样一算，牛郎织女一年一见显然不可能了。"

听完熊爸爸的讲述，小熊望向爸爸，眼里充满了崇拜，夸赞道:"爸爸你真厉害。"

听了小熊的赞美，熊爸爸不好意思地笑了笑，随后牵着小熊回屋了。

此时，天空中的牵牛星和织女星也愈发明亮了，好像在说:"谢谢你科普关于我们的知识，让人们更加正确地认识我们。"

课本联通

越飞越近，眼看要赶上了，王母娘娘拔下头上的玉簪往背后一划，糟了，牛郎的前边忽然出现一条天河。天河很宽，波浪很大，牛郎飞不过去了。

从此以后，牛郎在天河的这边，织女在天河的那边，只能远远地望着，不能生活在一块儿了。他们就成了天河两边的牵牛星和织女星。

义务教育教科书语文五年级节选

科学进阶

牵牛星和织女星这两颗星星距离地球都比较近，和地球一样，都是银河系上千亿恒星中的一员。

牵牛星又叫天鹰座 α 星或河鼓二星，是天鹰座中最亮的一颗恒星，同时也是夜空中亮度排名第十二的明亮恒星，位于银河的东岸，距离地球 16.7 光年。织女星又称织女一或天琴座 α 星，是天琴座中最明亮的恒星，在夜空中的亮度更是排名第五，位于银河西岸，距离地球 25 光年。织女星是北半球夜空中第二亮的恒星，仅次于大角星。

灵光乍现

1 读完这个故事，你知道在哪个季节最容易看到牵牛星和织女星吗？

2 你知道银河有多宽吗？

重要的太阳光

森林小学这学期新增了一门课——植物课，授课的老师是熊博士。

这天，熊博士布置了一个特殊的课后作业——自己种植一种蔬菜瓜果，然后观察它的生长过程。

"同学们，你们都很喜欢吃蔬菜瓜果吧。从今天开始，我们来尝试着自己种植这些蔬菜瓜果，怎么样？等它们成熟了还可以和大家一起分享！"

"好啊！好啊！"小动物们纷纷点头答应。

一时间，教室里响起**此起彼伏**的讨论声，顿时热闹起来。

"讲台上有西红柿、茄子、黄瓜、豆角等种子，你们每人来选一样。"

"我选黄瓜。"小鹿说。

"我选茄子。"小松鼠说。

"我选西红柿。"小兔子说。

············

“大家都选好了吧，那我开始讲解每种蔬菜瓜果的种植技巧了，同学们可别开小差哦！”

“好的。”小动物们异口同声地回答。

接下来，熊博士开始了他的讲解，大家都听得很认真。

放学回到家后，小动物们都按照熊博士教的方法，将自己选的种子种了下去。

第二天一大早，小兔子才拿着自己的西红柿种子来到了菜园。松土、播种、施肥、浇水，经过一天的劳作，终于将西红柿种好了。小兔子还在菜园旁边立了一块牌子，上面写着“小兔子的西红柿”。小兔子看着菜园，露出了灿烂的笑容。虽然忙活了一天很辛苦，但是一想到之后能有很多西红柿吃，小兔子心里就美滋滋的。

在小兔子的悉心照料下，西红柿终于发芽了。看着西红柿嫩绿的小芽，小兔子高兴得手舞足蹈。接下来的日子里，她更加细心地照顾它，天天往菜园里跑，没有丝毫怨言。

　　一天中午，小兔子来到菜园，眼前一片金黄，是西红柿开花了。她看着黄色小花，心里别提多高兴了。她在菜园里走来走去，仔细检查着每一株西红柿的生长情况。小兔子忙完后，便坐在门前休息，她累得大汗淋漓。小兔子一边擦着汗，一边望向阳光照耀下的菜地。突然，她想到：这么大的太阳，我晒了一会儿就已经大汗淋漓了，西红柿植株一整天都在太阳底下暴晒，岂不是更加受不了？我的西红柿植株不会被太阳晒死吧？

　　小兔子灵机一动，想到了办法：用黑色的布把西红柿植株盖起来，阳光不就照不到了吗？于是，小兔子立马从家里拿来黑色的布将它们盖了起来。看着在黑布下"乘凉"的西红柿，小兔子露出了满意的笑容。

　　可过了一段时间，西红柿的叶子慢慢变黄甚至枯萎了，这可把小兔子吓坏了。她连忙跑到熊博士的家里，还没进门就喊道：

"不好了，不好了，我的西红柿要死了，老师你快救救它！"熊博士听完，和小兔子**马不停蹄**地赶去小兔家的菜园。

熊博士走进菜园仔细观察一番，立马得出结论："你把西红柿上面黑色的布拿掉，让它们接受阳光的照射就没事了。"

"啊！太阳那么大，西红柿不会被晒死吗？"小兔子**疑惑不解**。

"植物的生长需要光照，光照充足能促进植物进行光合作用，使植物积累更多的营养物质，有助于植物生长。"

"什么叫光合作用？"

"植物的叶片中有许多叶绿体，它们就像一个个绿色的加工厂。在阳光的照射下，叶绿体能将根吸收的水分和从叶片进入的二氧化碳合成植物生存所需要的养分并释放氧气，这个过程叫作光合作用。"

"哦，我知道了，西红柿是缺少光照才变成现在这样的，我现在就去把西红柿上的黑布揭开。"小兔子恍然大悟。

过了一段时间，小兔子的西红柿终于长出了果实，她还摘了许多西红柿带去学校与同学们分享。

小兔子的
西红柿

课本联通

太阳虽然离我们很远很远，但是它和我们的关系非常密切。有了太阳，地球上的庄稼和树木才能发芽，长叶，开花，结果；鸟、兽、虫、鱼才能生存，繁殖。如果没有太阳，地球上就不会有植物，也不会有动物。我们吃的粮食、蔬菜、水果、肉类，穿的棉、麻、毛、丝，都和太阳有密切的关系。埋在地下的煤炭，看起来好像跟太阳没有关系，其实离开太阳也不能形成，因为煤炭是由远古时代的植物埋在地层底下变成的。

义务教育教科书语文五年级节选

科学进阶

光合作用是指绿色植物利用太阳的光能，将二氧化碳和水转化为储存着能量的有机物，并释放出氧气的过程。

影响植物光合作用的因素较多，如光照、湿度、水分、氧气含量、矿质营养等，其中光照对光合作用至关重要。光照能促进植物细胞的增大和分化，影响细胞分裂和生长。光照充足还能促进光合作用，积累更多的营养物质，有助于植物生长。

灵光乍现

你知道哪些植物喜欢阳光，哪些植物不喜欢阳光吗？

小煤炭和小花

森林里有一朵野玫瑰,她生长在一棵非常粗壮的大树下。瘦弱的玫瑰一直都很庆幸自己有大树的保护,雨淋不着,毒辣的太阳也晒不着。不像旁边的百合花,整天暴晒在太阳底下。

这天,太阳公公照常升起,照在百合花身上,玫瑰花向百合花**炫耀**说:"你整天暴晒在太阳底下,那么热,不像我有大树的庇护,不用晒太阳。"

"你懂什么,只有接收了足够的光

照，我们才能长得更好。你也来接收太阳公公的光照吧。"百合花发出邀请。

"哼，你肯定是为了让我和你一起晒太阳，才故意骗我这样说的。"玫瑰花**不以为然**。

"我骗你干嘛，你没看见我比你强壮吗？你那么瘦弱，一看就是缺乏光照。"

"是吗？"玫瑰花瞅了瞅瘦弱的自己，又看了看强壮的百合花，她开始动摇了。

"是的。没有了大树的遮挡，阳光才能更好地照耀你，雨水才能更好地滋润你。只有这样，你弱小的身躯才会长得更强壮，你的花瓣才会更美丽。即使狂风暴雨来了你也不会有所畏惧。但如果你一直躲在大树的阴影里，你拥有的可能只是短暂且暗淡的一生。"

"可是我动不了呀。"玫瑰花听了百合花的话摇了摇身子，努力地把自己往上拔，可还是**纹丝不动**。玫瑰花向百合花投去求救的眼神，可百合花也无能为力。

正当百合花和玫瑰花**一筹莫展**之时，突然一只恐龙路过此地，不知为何，它突然将这棵大树给撞倒了，然后就离开了。

"太好了，我也能变得强壮了！"玫瑰花高兴地说。百合花听见玫瑰花的笑声，也跟着一起笑了。

日子一天天过去，太阳公公慷慨地把它的光和热洒到玫瑰花的身上，玫瑰花果然变得越来越强壮，越来越鲜艳。

夏季的雨犹如猛兽，来势汹汹。突然有一天，只听"轰隆隆"的响声，一场洪水排山倒海而来，山体滑坡把玫瑰花、百合花和一些树木埋到了泥土里，她们在那里睡了好多好多年。等玫瑰花醒来，她发现自己已经变了样：浑身漆黑，漂亮衣裳早已不知所终，她变成了小煤炭！

小煤炭伤心欲绝："呜呜，我怎么变得黑黢黢的了，我漂亮的衣裳呢，我美丽的脸庞呢！这是哪儿？百合姐姐，你又在哪儿？"

对于她的呼喊，没

人回答，因为她和百合花被泥土冲散了。小煤炭整天以泪洗面，她多怀念以前无忧无虑的日子，多想离开这暗无天日的地方啊。

一天，这座山忽然变得热闹起来。小煤炭听到了“轰轰”声和人的说话声。于是她大喊：“救命啊，我在这里！”终于，一道阳光照了进来，小煤炭看见了希望，她更兴奋了。

“快带我离开这暗无天日的地方吧！”小煤炭兴奋地说。

“快出来吧！”采矿工人好像听见了她的话一样，对她说，“我们要让你发电呢！”

终于，压住小煤炭的土壤被挖走了，采矿工人用机器将小煤炭从地底挖了出来。小煤炭见自己重获自由，大口大口地呼吸着新鲜空气。她一边蹦蹦跳跳，一边说：“我又重见天日了，真好！”

“哎呀！疼死我了。”小煤炭一个没注意，从机器上摔了下来，刚好落在了一朵小花身旁。

“哎呀！你弄脏了我的衣服！”小花不高兴地噘起嘴。

“不好意思，不过见到你真开心。你真漂亮，我从前也是花，我们是一家人呢！”小煤炭笑着，黑溜溜的脸上只有白牙清晰可见。

"谁跟你是一家人？你那么丑，怎么会是美丽的花?"小花**盛气凌人**地说，并竖起所有的花瓣。

"真的！突然有一天，许多泥土扑面而来，压在我的身上，我就被砸晕了，等我醒过来，就变成现在这样了。"小煤炭耐心地解释。

"你少骗人了。"小花依旧不相信小煤炭的话。

这时，一个声音打断了她们的争论。

"师傅，你说这么多煤是怎么形成的?"原来是刚来的小矿工向他的师傅请教问题。

"大概 2 亿~3 亿年前，那时地球上的气候温暖潮湿，植物生长茂盛。后来，在湖泊和海边有大量的植物体堆积，并被沉积的泥沙覆盖起来。时间久了，泥沙越积越厚，植物体被越埋越深。这些植物体在地下与空气隔绝，同时受到高温高压的作用，经过亿万年，就变成了煤。经过多次的地壳变动，有的煤层被埋得更深，有的煤层露在地面。正所谓花开一季，煤成万年。"老师傅耐心地解释道。

"哦，小煤炭可真了不起，孤独地待在地下几亿年。"

"是啊，而且它们还能发电，煮饭，帮人类做很多的事呢。"

小花听了，低下了头，对小煤炭说："煤姐姐，对不起，我不该**骄傲自大**不相信你，你真了不起。"

小煤炭笑了笑说："没关系。"

正当她们俩相谈甚欢之时，老师傅发现了小煤炭，"唉，这里遗落了一个小煤炭。"

"你就乖乖地跟我们走，去发挥你的作用吧。"小矿工边用手拿小煤炭边对她说。

小花见了急得大喊："啊！煤姐姐！"小花难过得垂下所有的花瓣。

小煤炭转过头对小花说："小花妹妹，别伤心，我要去实现我的价值了。"

小煤炭来到发电厂，经过她和其他小伙伴的努力，他们果然发出电来。电灯亮了，机器转动了，人们都一个劲地夸她。

埋在地下的煤炭，看起来好像跟太阳没有关系，其实离开太阳也不能形成，因为煤炭是由远古时代的植物埋在地层底下变成的。

义务教育教科书语文五年级节选

科学进阶

煤是地球上蕴藏量最丰富，分布地域最广的化石燃料，有褐煤、烟煤、无烟煤、半无烟煤这几种分类。

煤炭是亿万年来植物的枝叶和根茎，在地面上堆积而成一层极厚的黑色的腐殖质，由于地壳的变动不断地埋入地下，长期与空气隔绝，并在高温高压下，经过一系列复杂的物理化学变化等，形成的黑色可燃沉积岩。

一座煤矿的煤层厚薄与该地区的地壳下降速度及植物遗骸堆积的多少有关。地壳下降的速度快，植物遗骸堆积得厚，这座煤矿的煤层就厚；反之，地壳下降的速度缓慢，植物遗骸堆积得薄，这座煤矿的煤层就薄。

灵光乍现

① 你知道煤还有哪些用途吗？

② 你知道石油是怎么形成的吗？

小水滴旅行记

　　大家好，我是生活在海里的一滴小水滴。我每天都过着无忧无虑的生活：有时像石头一样沉在水底休息，有时骑在海龟背上和它们一起游戏，有时和别的小水滴一起捉迷藏……

　　有一天，我正和小伙伴们一起玩耍。突然，海面上飞过一群海鸥，我望着飞翔的海鸥羡慕地说："要是我们也有翅膀就好了，那样我们也能去旅行了。"

　　"是啊，有什么办法能让我们飞起来呢？"其中一滴小水滴说。

　　"我有办法。"另一个小伙伴说。

　　"什么办法？""什么办法？"我们**异口同声**地问。

　　"我们可以找太阳公公帮忙呀！"

　　"太阳公公能送我们一对翅膀吗？"

　　"我们先浮上水面，太阳公公自有办法，等会儿你们就知道了。"

　　不一会儿，我和朋友们就浮到了水面上。我对太阳公公说：

"太阳公公，我们想去旅行，可是没有翅膀，请您帮帮我们吧！"

"好啊！"太阳公公笑眯眯地答应了。

太阳公公发出耀眼的金光，照得我们身上暖洋洋的，我们的身子越来越小、越来越轻，很快，我们都变成了水蒸气，飞向了天空。我们高兴地大叫："我们长翅膀啦！我们飞上天啦！"

我们在空中"展翅飞翔"，向下一看，大海像一面蓝色的镜子。忽然，耳边传来"呼——呼——"的声音，哎呀，原来是风爷爷来帮助我们了。

"风爷爷，谢谢您！"

"不客气！"

在风爷爷的帮助下，我们越飞越高，也越来越冷了。于是，我们三个一伙，五个一群，紧紧地抱在一起，越抱越紧。不一会儿，我们变成了一颗颗极为细小的小水滴。聚在一起的小伙伴多了，我们又变成了洁白无瑕的云朵，风爷爷带着我们在空中飘来飘去。

风爷爷带着我们一路向北飞，我们遇见了从其他地方来旅行的云朵，我们一见如故，于是决定一起去旅行。在风爷爷的带领下，我们越飞越远，身体越来越冷，越来越沉。

突然，俏皮的风弟弟吹来一阵冷风，于是大家拉着的手慢慢松开，我们又变成了小水滴，与变成云朵前的细小水滴相比，我们长大了不少，风爷爷带不动我们了，于是小伙伴们一个接一个地下落，地面上的小孩子见了我们，纷纷冲到空地迎接，**手舞足蹈**地说道："下雨啦！下雨啦！"看！我们多受欢迎呀！

我们和小孩子玩捉迷藏，有的躲在他们的头发里，有的躲在他们的衣服上，有的躲在他们的鞋子里……等他们玩够了，他们就抖动身体，把我们抖落在地上，然后回家了。

我们聚集在一起，顺着小溪流呀流，流入了一条小河，又流入了大江。终于，我们来到了一片湛蓝的大海。啊，我们回家了！我又看到了久违的大海，见到了亲爱的爸爸妈妈。

这真是一次难忘的旅行啊！

课本联通

　　地面上的水被太阳晒着的时候，吸收了热，变成了水蒸气。空气上升时，温度下降，其中的水蒸气凝成了无数的小水滴，飘浮在空中，变成云。云层里的小水滴越聚越多，就变成雨或雪落下来。

　　　　　　　　　　　　　　　　义务教育教科书语文五年级节选

科学进阶

　　水是一切生命机体的组成物质，也是人体代谢活动所必需的物质，又是人类进行生产活动的重要资源。地球表面约有71%被水覆盖。地球上的水分布在海洋、湖泊、沼泽、河流、冰川、雪山，以及大气、生物体、土壤和地层。

　　水循环是指地球上各种形态的水，在太阳辐射、地球引力等的作用下，通过水的蒸发、水汽输送、凝结降落、下渗和径流等环节，不断发生的周而复始的运动过程。

灵光乍现

　　你知道成年人的身体里含有多少水吗？

风从哪里来

笑笑是个**无忧无虑**的风宝宝，她像所有的小孩子一样，活泼好动。从降临到这个世上开始，她就不停地在天空飘荡。

笑笑正是爱玩闹的年纪，几乎每天都要和树叶比谁的声音大，和小兔子比谁跑得快，偶尔也会淘气地抢走小朋友的气球。尽管如此，大家都十分喜欢她，觉得她是个活泼可爱的孩子。

这天，笑笑飞过山川、田野，来到一幢房子前。透过窗户，她看见一对母女坐在一起说话。声音透过窗户传入笑笑的耳朵。

"妈妈，妈妈，是谁给我取的名字呀？"

"是妈妈给你取的。"

"那你为什么给我取名叫心心呀？"

"因为妈妈希望你能一直开开心心呀。"

"妈妈，我是从哪里来的？"

"你呀，是从妈妈的肚子里来的。"

"妈妈，妈妈……"

"宝贝，你是'十万个为什么'吗？那么多问题呀！我们先吃个水果，吃完了妈妈再一一回答你的问题。"

…………

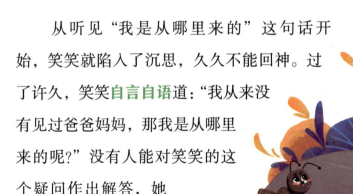

从听见"我是从哪里来的"这句话开始，笑笑就陷入了沉思，久久不能回神。过了许久，笑笑**自言自语**道："我从来没有见过爸爸妈妈，那我是从哪里来的呢?"没有人能对笑笑的这个疑问作出解答，她伤心极了。

过了一会儿，笑笑坚定地说："我一定要弄清我是从哪里来的。""我该去问谁呢?"笑笑说道，"我知道了，草丛边的小路上每天**人来人往**的，住在那里的蚂蚁妹妹一定知道我是从哪里来的。"

于是，笑笑来到草丛边。笑笑弯下腰问道："蚂蚁妹妹，你知道我是从哪里来的吗?"

"风姐姐，不好意思，我不知道。"

"没关系，我去问问其他人吧。"

"大树爷爷**学识渊博**，你可以去问问他。"

"好的，蚂蚁妹妹再见。"

笑笑立马来到了大树爷爷身边，大树爷爷见笑笑来了，发出"沙沙沙"的笑声表示欢迎。看着大树爷爷挺拔的身姿，笑笑说明了来意。

"虽然我年纪比你大，但你是从哪里来的，我还真不知道。"

"连您都不知道我是从哪里来的，那是不是没人知道了？"笑笑沮丧地说。

　　"别气馁，**人外有人，天外有天**。你可以去问问大海伯伯，大海伯伯到过许多地方，见多识广，他可能知道。"

　　"好的，我这就去找大海伯伯。"

　　笑笑一溜烟地来到了海面上，她低头望向大海，大海伯伯翻涌着身体来欢迎笑笑。笑笑把自己的来意一五一十地告诉了大海伯伯。

　　"不好意思呀，我虽然去过许多地方，但是我还真的不知道你是从哪里来的。"

"都不知道我是从哪里来的，难道我和齐天大圣一样，是从石头里蹦出来的？"笑笑自嘲地说道。

"谢谢你，大海伯伯，我走了。"说完，笑笑就垂头丧气地向远方飞去。

飞着飞着，笑笑来到了太阳爷爷的身边。太阳爷爷看见笑笑一脸伤心的模样，就问："笑笑，你怎么啦？怎么不开心呀？"

"别人都有爸爸妈妈，都知道自己是从哪里来的，就我不知道。"

"你是我创造出来的呀！"

"真的吗？"

"当然啦！地球表面的空气宝宝晒了太阳后，温度升高，就会变轻并越飞越高。高温空气宝宝们飞走后，房子就空了，于是周围的空气宝宝争先恐后地往空房子跑；当上升的高温空气宝宝遇到低温空气宝宝后，又会变冷往下跑。这些空气宝宝跑着跑着就有了你。"

"原来是这样呀，太好啦！我终于知道自己是从哪里来的了。"笑笑开怀大笑道。

课本联通

太阳晒着地面，有些地区吸收的热量多，那里的空气就比较热；有些地区吸收的热量少，那里的空气就比较冷。空气有冷有热，才能流动，成为风。

义务教育教科书语文五年级节选

科学进阶

风是空气流动造成的自然现象，它是由太阳辐射热引起的。太阳光照射在地球表面上，使地表温度升高，地表的空气受热膨胀变轻而上升。因为高度越高，温度会越低，所以当空气上升到一定的高度后，会慢慢冷却、变重，开始收缩下沉。这种空气的升降流动就产生了风。

灵光乍现

1 你知道风有多少种类吗？

2 你知道人们是怎样利用风能的吗？

不讲卫生的小狮子

有一天，天气晴朗，小狮子果果和小熊安安来到草地上放风筝。突然，一阵微风把小树叶和尘土刮到了果果的头上。果果顿时感觉头皮发痒，他对安安说："安安，我的头好痒，你帮我把头上的树叶拿下来吧。"

安安把果果头上的树叶拿下来了，果果却说："怎么还是好痒啊？你帮我看看到底是怎么回事！"

安安仔细地看了看，惊讶地说："你的头发里有小虫呢！"

"小虫？不可能，我的头发里怎么可能会有小虫呢？"果果反驳道。

"真的！不信我弄下来一个给你瞧瞧。"安安一边说，一边用手捉小虫。

77

"呐，你看。"安安将手上的小虫拿给果果看。

"还真是，小虫是怎么跑到我的头发里的？我怎么一点都没有察觉到。"果果一脸**不可置信**。

"你是不是很长时间没有洗头了？"

"已经有一个月没有洗头了。"果果不好意思地低下了头。

"一个月！难怪你的头发里会长小虫。这种叫虱子的小虫就爱躲在头发里咬人，所以你才会感觉到痒，"安安向果果讲解小虫出现的原因，"等会儿回去后你就立马去洗头。"

第二天，天气仍然晴朗，安安来找果果一起去春游。"咚咚咚"，安安敲响了果果家的大门。

"谁呀？"果果问道。

"是我，安安，我来找你一起去春游。"

78

"快进来吧。"果果打开门，邀请安安进去。

安安刚进去就被眼前的景象震惊到了：客厅的地上一片**狼藉**，卧室床上的被子乱糟糟的，而且床上还堆满了零食袋……

"天哪，果果，你的屋子也太乱了吧！快快快，把你的房间收拾一下，趁着现在的好天气，把你的被子、衣服、鞋子都拿到外面晒晒，不然会滋生很多细菌，会对身体不好的。"

"哎呀，晒被子多麻烦啊，还要整理，我才不要，现在这样挺好的，也没什么不舒服啊，等过几天再说吧！"果果从沙发上站起来，**不以为意**地说，"走，我们一起去春游吧！"

"算了吧，我找别人一起去，你还是乖乖地在家打扫卫生吧。"安安见果果**无动于衷**，摇了摇头，然后头也不回地走了。

"哼，不去就不去。"果果生气地关上门，然后继续躺在沙发上吃着零食，看着电视。

几天后的一天早上，果果醒来后发现自己身上长满了小红点，又痒又痛，肚子也很不舒服。这时恰好安安来了，想看看果果有没有收拾屋子。

"安安，快帮我看看我身上怎么了。"果果可怜兮兮地看着安安。

"让你讲卫生你偏偏不听，现在好了吧，我们赶紧去找羊医生看看。"安安立马将果果送到了羊医生的诊所。

羊医生给果果检查完身体，了解了情况之后，给果果拿了药并对他说："现在天气越来越热了，一定要及时收拾屋子，及时清理，不然就容易滋生细菌。你回家后把被子拿出去，在太阳底下晒晒，杀杀菌，你身上的疹子就是被子上的细菌造成的。这次还好及时发现了，现在还可以控制，再过几天就需要住院喽！"

"太阳还能杀菌?"果果疑惑不解。

"是的。太阳光中的紫外线能使微生物细胞内部发生化学变化，引起细胞破裂死亡，所以太阳光有消毒杀菌的作用。阳光好的时候，晒一晒被子，不仅可以起到杀菌的作用，还能去除异味呢。"羊医生解释道。

"我懂了。回家我就把被子拿出去晒。我以后再也不敢偷懒了，我要做一个讲卫生的好孩子。"果果听了特别害怕，信誓旦旦地保证。

果果回到家就和安安一起把家里收拾得一尘不染。"谢谢你帮我一起收拾，安安。"果果由衷地感谢安安。

"不客气，谁叫我们是好朋友呢。你刚生病，就在家好好休息吧，我把被子拿出去晒晒。"

果果被安安感动得热泪盈眶，他抱着安安久久不能说出话来。"好了，你休息吧，我去晒被子。"于是安安拿着被子来到了

屋外，将被子放在太阳底下暴晒。

　　过了一会儿，果果想去看看被子晒得怎么样了，他走出门就看见被子被晾晒在绳索上，安安正围着被子在唱歌呢。此时，草地上的阳光正好，草丛里还开着五颜六色的鲜花，鲜花的香味钻进了被子里。果果走近闻了闻，摸了摸，被子变得香香的，暖暖的。

安安告诉果果，他围着被子唱了很多首好听的歌，这些歌都钻进了被子里，它们会陪伴果果度过每一个夜晚。

傍晚，当果果收被子时，被子暖暖的、香香的，他知道被子里还藏着歌，藏着笑……

太阳光有杀菌的作用，我们可以利用它来预防和治疗疾病。

义务教育教科书语文五年级节选

科学进阶

　　太阳光，广义的定义是来自太阳所有频谱的电磁辐射。在地球，阳光是当太阳在地平线之上，经过地球大气层过滤照射到地球表面的太阳辐射，也称为"日光"。

　　当太阳辐射没有被云遮蔽，直接照射时通常被称为阳光，是明亮的光线和辐射热的组合。世界气象组织定义的"日照时间"是指一个地区直接接收到的阳光辐照度在每平方米120瓦特以上。阳光照射的时间可以使用阳光录影机、全天空辐射计或日射强度计来记录。阳光需要8.3分钟才能从太阳抵达地球。

　　虽然阳光能杀菌，但我们不宜长时间在阳光下暴晒，皮肤癌被认为与长时间的过度暴露在日光下有关，是由日光或日光灯中的过度紫外线所引起的。紫外线的另一个有害影响是它能加速皮肤的老化，也叫皮肤光损伤。近十年臭氧层量的减少使得许多健康疾病发生的概率增加。所以那些每天暴露在强日光下的人，应该采取必要的防护措施。

灵光乍现

1 太阳光由哪三部分组成？

2 太阳光除了杀菌，还有哪些作用？

神奇的蚕宝宝

池塘边，一棵棵桑树**枝繁叶茂**，碧绿碧绿的。一棵小桑树上，一只蚕宝宝正悄无声息地从蚕卵里钻出来。她睁开眼睛，**东张西望**，好奇地看着这个世界。她张开小嘴，哦，嫩嫩的桑叶清香扑鼻，好吃极了！

蚕宝宝用自己的一排小脚抱紧嫩绿的桑叶，一小口一小口地**津津有味**地吃了起来，还发出很细微的有节奏的"沙沙"声。

"是谁在演奏音乐呀？"住在树上一角的小黄莺耳朵可好使了，忙顺着声音飞去，见到浅褐色的小小的蚕宝宝，忙问："呀！你是谁啊？是你在演奏音乐吗？"

蚕宝宝连忙停了下来，回答说："我是蚕宝宝，我不是在演奏音乐，是在吃桑叶。这桑叶可好吃了，你是我来到这个世界上遇见的第一个好朋友，你也来吃吧！"

小黄莺心想：这小家伙真有礼貌啊。小黄莺对蚕宝宝说："我是小黄莺，我不吃桑叶的，谢谢你啊！你吃桑叶的声音真的像一种很好听的音乐呢。"

蚕宝宝很开心地笑了。她想，刚刚来到这里，就有了好朋友，真好。于是她说："你若是喜欢听，我就天天给你'演奏'。"

"好啊好啊！"小黄莺忙点头回答，"你知道吗？我也会唱歌，你想听的时候我就给你唱。"说完就"唧唧唧……"地唱了起来，蚕宝宝听了赞不绝口。

蚕宝宝想要快快长大，就要多吃桑叶。她吃桑叶的时候，小黄莺就听到了好听的音乐。小黄莺有的时候就一边听一边唱起来，"沙沙沙"和"唧唧唧"的歌声合在一起，十分悦耳动听，她们都快乐极了。

快乐的日子过得很快。一晃，又过去了几天。小黄莺突然听不见蚕宝宝的"音乐"了，"蚕宝宝怎么了？生病了吗？"她自言自语道。随后她急忙飞到蚕宝宝身边。哇！蚕宝宝在高高地昂着头！她忙和蚕宝宝打招呼："蚕宝宝，你这是在做什么呀？"可是，蚕宝宝像是没有听见，没有回答，仍然是高高地昂着头，一动不动。

"呜呜……蚕宝宝一定是病了，我得马上去请医生来。"小黄

莺十分焦急，慌慌张张地飞去请啄木鸟医生。

啄木鸟医生很快飞来了，看了看蚕宝宝，不慌不忙地对小黄莺说："蚕宝宝没有生病。"

"那……那为什么我叫她，她一点儿反应也没有啊？"

"蚕宝宝在睡觉，这一觉大概要睡一天呢！"啄木鸟医生说得很详细，"蚕宝宝这样的睡觉叫'休眠'。在昆虫里，包括在动物里，高昂着头睡觉的只有蚕。因为这样的睡觉姿势便于血液流遍全身的各个部位，使得所有的皮肤软化，便于蜕皮。他们睡觉是为了长大，睡一觉就蜕掉一层皮，就长大一些。"听完啄木鸟医生的话，小黄莺恍然大悟。一天听不到蚕宝宝的音乐，多难熬呀！小黄莺想，可是自己不能叫醒她，打扰她是不礼貌的。

到了第二天晚上，月光刚刚洒向大地的时候，小黄莺忽然听到了自己熟悉的"沙沙沙"的音乐，"哈，是蚕宝宝睡醒了！"乐得她马上唱起了"唧唧唧"的歌儿。

第三天一大早，小黄莺就来到了蚕宝宝的身边。"你好你好！"蚕宝宝十分高兴地向小黄莺问好。"你……"小黄莺刚想问候蚕宝宝，忽然发现蚕宝宝变大了衣服也变了，由浅褐色变成了白色，一时间没有认出来，"你是谁？蚕宝宝去哪了？"蚕宝宝回答说："我就是蚕宝宝啊。"

"不对不对！"
小黄莺说着就飞到了
啄木鸟医生那里，把
事情的来龙去脉说了

一遍。

"哈哈哈……"啄木鸟医生一听就哈哈大笑起来，"不用找啊！那变大了的白色小虫就是蚕宝宝啊。我上回忘记告诉你了，蚕宝宝睡醒了蜕去浅褐色的皮，就会穿上白色的衣服了。"

"哦，是这样呀！"小黄莺小脸一红。

又过了三四天，蚕宝宝又睡觉了，还是头昂得高高的，**岿然不动**。小黄莺知道这是蚕宝宝"休眠"了，就不打扰她，只是远远地望着、守护她。

等蚕宝宝醒来时，蚕宝宝仍然是一身的白

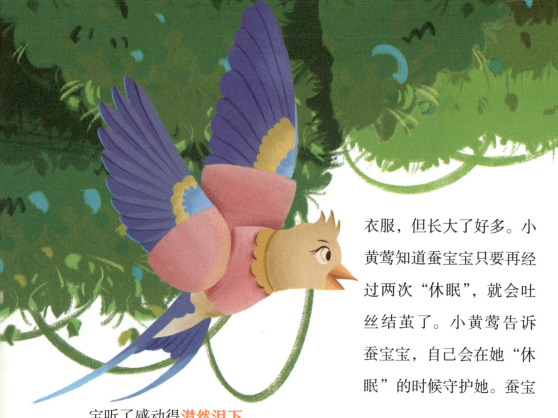

衣服，但长大了好多。小黄莺知道蚕宝宝只要再经过两次"休眠"，就会吐丝结茧了。小黄莺告诉蚕宝宝，自己会在她"休眠"的时候守护她。蚕宝宝听了感动得**潸然泪下**。

蚕宝宝最后一次"休眠"醒来的时候，对小黄莺说："过几天我会造个'房子'，住在里面，到时候可能很久都见不着你了，你要多多保重。"

小黄莺听了，**疑惑不解**地问："我和你一起住进去，不就能天天见面了吗？"

"那可不行！"蚕宝宝说，"我造的'房子'很小，只能自己住的。"

"哦。"小黄莺失望地说，"真不想和你分开。"

"没关系，我们还会再见面的。"

日子一天天过去，蚕宝宝每天吐丝结茧，终于造好了"房子"，住了进去。

有一天，布谷鸟来找蚕宝宝和小黄莺玩，等她到了才发现，这里只有小黄莺，不见蚕宝宝的踪影。于是她问道："蚕宝宝去哪里了？"

"在那儿。"布谷鸟顺着小黄莺的视线望去，只见一个灰白色的小"房子"建在树叶上。

"蚕宝宝住在这'房子'里吗？"布谷鸟忙问。

小黄莺说："是的。"

"这'房子'也没有门，蚕宝宝住在里面怎么出来？她不会被饿坏了吗？"布谷鸟很担心，小黄莺不知道怎么回答。于是，她们就去请教博学多才的啄木鸟医生。

啄木鸟医生听了她们的问题后，笑着说："不会的，你们放心吧！蚕宝宝就是这样生长的。她住进自己造的叫作'茧'的'房子'里，不用吃也不用喝，慢慢变成蛹，等十几天后，又羽化成蛾，从'房子'里钻出来。到时候你们又能见面了。"

听了啄木鸟医生的话，小黄莺和布谷鸟这才高兴起来，盼望着再次见到蚕宝宝……

课本联通

朦胧中，父亲和母亲在半夜起来给蚕宝宝添桑叶……每年卖茧子的时候，我总跟在父亲身后，卖了茧子，父亲便给我买枇杷吃……

义务教育教科书语文五年级节选

科学进阶

蚕是完全变态昆虫，最常见的是桑蚕，又称"家蚕"，是以桑叶为食料的吐丝结茧的经济昆虫之一。蚕用卵繁殖，拥有强大的繁殖能力，蚕卵数在400～500粒之间。

蚕一生要经过卵、幼虫、蛹和成虫四个形态和功能完全不同的发育阶段。蚕从蚕卵中孵化出来时，身体呈褐色或黑色。蚕宝宝从卵壳中爬出来后，经过2～3小时就会进食桑叶。一段时间后它便开始脱皮，脱皮时约有一天的时间，如睡眠般不吃也不动，这叫"休眠"。经过一次脱皮后，就是二龄幼虫，身体变成白色。它脱一次皮就算增加一岁，幼虫共要脱四次皮，成为五龄幼虫，再过7～9天成为熟蚕，开始吐丝结茧。蚕结茧后经过4天左右，就会变成蛹，再经过大约12～15天，蛹体开始变软，蛹皮有点起皱并呈土褐色时，它就会变成蛾了。

灵光乍现

① 你还知道哪些昆虫一生要经过卵、幼虫、蛹和成虫四个发育阶段？
② 你还知道哪些关于蚕的信息呢？

提灯笼的萤火虫

一个美丽的夏夜，一轮明月悬挂在天空中，皎洁的月光洒向大地。深蓝色的夜空中繁星闪烁，颗颗钻石般的星星就像一个个顽皮的孩子眨着闪闪发亮的眼睛，用好奇的目光注视着大地。

小熊点点和小兔子奇奇来到院子里，看着天上闪烁的星星。奇奇伸出手，数着天上的星星。天上的星星可真多呀！一颗、两颗、三颗、四颗……**数不胜数**，数得奇奇眼冒金星。

奇奇说："点点，你说，那些星星上有像我们这么可爱的小动物吗？"

点点回答道："那些发光的星星都是恒星，恒星的温度都非常高，就像太阳那么热，应该不会有生命存在。"

奇奇很喜欢和点点一起

玩，因为点点博学多才，懂的知识比她多。

就在这时，奇奇突然发现不远处的草丛里有许多一闪一闪的小光点，在草丛里飞舞着。它们一会儿飞到这边，一会儿飞到那头。奇奇心想：这些小光点怎么和星星一样会发光呀！不会是天上的星星掉下来了吧？星星不会是摔疼了吧，才像没头的苍蝇一样，到处乱窜。

于是奇奇大声说道："快看啊，天上的星星落在草丛里了，到处乱窜，我们赶紧过去看看它们受伤了没有。"

"天上的星星掉下来了？不可能！这不科学！"点点立马反驳道。不过为了搞清楚奇奇说的小光点到底是什么，点点还是决定和奇奇一起去草丛里一探究竟。

点点和奇奇走近一看，点点立马开怀大笑："哈哈哈……这不是星星！它们是萤火虫！"

"萤火虫？"奇奇一脸疑惑地说，"它们和星星一样闪闪发光，我还以为是星星呢。那它们怎么和星星一样会发光呀？"

"萤火虫会发光是因为它们的腹部末端有能发光的细胞，这些发光细胞含有两种特别的成分：一种叫作荧光素，一种叫作荧光素酶。荧光素和含能量的物质结合，在有氧气时，受荧光素酶的催化作用，使化学能转化为光能，于是就产生光亮了。"

"没想到一个小小的萤火虫，竟然蕴含着这么多的知识。"

"是呀，科学无处不在。这些都是我从书上看到的，所以我们应该多读书呀！"

"我知道了，我以后一定好好读书。"

"哈哈哈……在此之前，我先考考你，你知道萤火虫发光有什么作用吗？"

"嗯……"奇奇低头思考着，"我知道了！是为了给迷路的孩子照亮回家的路。"

"哈哈哈……这也是一个作用。其实不少萤火虫研究者认为萤火虫幼虫的闪烁行为是一种抵御捕食者的行为，而蛹一般不会发光，只有遭到人为的干扰或天敌的侵犯才会发光。萤火虫成虫的发光具有信息交流、警戒和照明等作用。"

“没想到萤火虫发光还有这么多作用。”

“是呀。但是萤火虫成虫的光最主要的作用是用来寻找伴侣的。萤火虫要花 40 多天才能从蛹变成成虫，但变成成虫以后，它们的寿命一般只有 3 ~ 7 天。在这几天里，它们要抓紧时间找到自己的伴侣，繁衍下一代。”

“没想到萤火虫的生命这么短暂。”听了点点的话，奇奇潸然泪下。

“虽然萤火虫的生命很短暂，但是它们却把夏天的夜晚装点得这么美丽，它们小小的身体能发出这么灿烂的光芒，是不是很伟大？”

听完点点的话，奇奇心里对小小的萤火虫充满了敬意。

这时候，萤火虫们也发现了点点和奇奇，围着他们翩翩起舞，好像在说：你们愿意和我们一起跳舞吗？

点点和奇奇也懂了萤火虫的意思，就与萤火虫们一起跳起舞来。一时间，森林里充满了欢声笑语。

这真是一个快乐的夜晚。

课本联通

夏天最美是夜晚。明亮的月夜固然美，漆黑漆黑的暗夜，也有无数的萤火虫翩翩飞舞。即使是蒙蒙细雨的夜晚，也有一只两只萤火虫，闪着朦胧的微光在飞行，这情景着实迷人。

义务教育教科书语文五年级节选

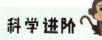

科学进阶

萤火虫属昆虫纲鞘翅目萤科。萤火虫最独特的特征是腹部具有特殊的发光器。萤火虫成虫个体一般较小，大多数体长1厘米，少数种类可以达到3厘米。雌性个体要略微大于雄性个体。萤火虫和其他昆虫一样，分为头、胸和腹三部分。萤火虫是发光昆虫，能够发出黄色、橙色、红色、黄绿色及绿色等多种颜色的荧光。

萤火虫属于完全变态昆虫，一生要经过卵、幼虫、蛹、成虫4个阶段。萤火虫分为陆栖和水栖。

灵光乍现

1 萤火虫发出的荧光有哪些作用呢？

2 萤火虫的一生会经历哪几个生命阶段？

乌鸦的自辩

森林的一棵大树上，有一个鸟窝，里面住的是乌鸦一家。

初夏的一天，乌鸦妈妈和乌鸦爸爸出门觅食。他们刚出鸟窝，就在地上发现了许多小虫子，他们一个俯冲下去叼起虫子，然后飞回鸟巢，将虫子喂给小乌鸦。小乌鸦吃到了美食，填饱了肚子，就"哇——哇——"地唱起歌来，乌鸦爸爸和乌鸦妈妈见宝贝那么开心也跟着唱起欢快的歌。一时间，"哇——哇——"的叫声此起彼伏。

此时，一个小女孩跟着妈妈路过此地，听见乌鸦叫，小女孩

兴高采烈地说："妈妈，快听，小鸟在唱歌。"

"别说话，快点走，那是乌鸦，是不祥之鸟。"妈妈催促着小女孩。

小女孩不明白妈妈的举动，问："妈妈，乌鸦为什么是不祥之鸟？"

"首先，乌鸦的羽毛是黑色，黑色在我们的文化中代表着死亡，是不吉利的颜色。其次，乌鸦的叫声太难听了，'哇——哇——'，听起来特别凄凉，让我们**胆战心惊**。还有，乌鸦以腐败的动物尸体为食，它们的生活习惯也是我们人类特别忌讳的。有谚语说'乌鸦头上过，无灾必有祸'，快走。"小女孩妈妈边说边拉着小女孩加快了脚步。

小女孩和妈妈的对话全都被小乌鸦听见了，他仰起头对妈妈

说:"妈妈,我们真像人类说的那样,是不祥之鸟吗?"小乌鸦很不理解。

"别听他们瞎说,我们就是一种非常普通的鸟类,他们把我们打上'不祥之鸟'的标签,认为遇到我们就会倒霉,如果碰到我们在他们头上飞过,更会给他们带来灾祸之类的话,都是他们的偏见,根本毫无依据。我们的出现和吉凶灾祸没有任何关系。"乌鸦妈妈**义愤填膺**地说。

"难道就任由他们这么抹黑我们吗?我们应该为自己辩护。"小乌鸦激动地说。

"你说的有道理,我们不能一直这么**默不作声**了,我们应该为自己辩护,证明自己的清白,并且让他们向我们道歉。"乌鸦爸爸附和道。

"那该怎么反驳他们呢?"小乌鸦迷茫了。

"对于刚刚小女孩妈妈说的'罪证',你可以这样反驳:第一,我们黑色的羽毛是天生的,我们自己也无法选择。而且,黑色在人类某些文化中代表不吉利并不意味着我们就是'不祥之鸟',我知道在人类文化中,黑色除了表示死亡外,还代表庄重、公平、纯正、尊贵,并不全是负面的含义。再者,八哥、黑鹳的羽毛也是黑色的,为什么人类不把它们视作不祥的象征呢？这明显是对我们乌鸦有偏见啊。第二，我们的嗓音确实不好听，但那也是大自然赐予我们的，我们无法改变。并且叫声是我们同类之间互相传递信息的信号，就像人类交流要通过说话一样。我们的叫声让人类觉得难听，但他们可曾想过，他们制造的噪声也严重影响了我们动物的生活。第三，我们吃腐烂的动物尸体，能够消除腐烂尸体对环境的污染，起到净化环境、抑制传染病扩散的作用，实际上对人类有很大的贡献。"乌鸦妈妈**义正词严**地说。

"妈妈，你说得太好了，下次见了人类我就这样说。"听完了妈妈的话，小乌鸦郑重地说。

"不光如此，你还可以说说我们的优点，让人类更全面地认识我们。"乌鸦妈妈补充道。

"我们有哪些优点呢?"小乌鸦问。

"首先,我们乌鸦的智商很高。可以毫不夸张地说,我们是最聪明的鸟类。人类中的科学家曾对各种鸟类的智慧程度进行了比较研究,得出了一个智慧排行榜,我们乌鸦名列榜首。人类还有一个故事,叫《乌鸦喝水》,里面就记载了我们乌鸦运用聪明的头脑,从一个没有装满水的瓶子里喝到水的故事,这就是我们高智商的证明。其次,我们的道德标准也很高。我们乌鸦严格遵守一夫一妻制,对待自己的爱人特别忠贞。我们还是典型的男女平等主义者,都是夫妻双方共同抚养幼鸟。我们还特别孝顺,懂得反哺父母。当我们长大成年之后,我们的父母就老了,不能自己捕食,我们会给他们喂食,而不是像有的动物一样将他们抛弃。在这方面,我们做得比部分人类还好。总之,我们的优点非常多。"乌鸦爸爸说。

"哼,气死我了。我们的优点这么多,人类居然视而不见,还认为我们是不祥之鸟。"小乌鸦生气地说。

"他们并不完全了解我们,仅仅凭着一些表面现象,加上他们自己的主观臆断,就给我们打上'不祥之鸟'的标签,实在是太冤枉我们了。"乌鸦妈妈说。

"我决定了,我要去大自然法庭状告他们侵犯我们的名誉权,要让他们恢复我们的名誉,我们不能这么任由他们诋毁。"小乌鸦站起来说。

"赞同。"乌鸦爸爸和乌鸦妈妈异口同声地说。

说完,乌鸦一家朝着大自然法庭飞去了……

课本联通

秋天最美是黄昏。夕阳斜照西山时，动人的是点点归鸦急急匆匆地朝窠里飞去。成群结队的大雁，在高空中比翼而飞，更是叫人感动。夕阳西沉，夜幕降临，那风声、虫鸣，听起来也愈发叫人心旷神怡。

义务教育教科书语文五年级节选

科学进阶

乌鸦是雀形目鸦科鸦属的通称，属大型鸣禽。乌鸦体长平均在50厘米左右；体羽大多黑色或黑白两色，黑羽具紫蓝色金属光泽；翅远长于尾；嘴和脚都较粗壮；鼻孔圆形，通常被羽须掩盖。常见的有以下几种乌鸦：秃鼻乌鸦、寒鸦、大嘴乌鸦、小嘴乌鸦。

乌鸦栖息于低山、平原和山地阔叶林、针阔叶混交林、针叶林、次生杂木林、人工林等各种森林中，尤以疏林和林缘地带较常见。

乌鸦主要在地上觅食，吃谷物、浆果、昆虫、腐肉及其他鸟类的蛋。但在繁殖期间，主要取食小型脊椎动物、蝗虫、金龟甲以及蛾类幼虫。此外，乌鸦喜欢腐食和啄食农业垃圾，能消除动物尸体等对环境的污染，起到净化环境的作用。

灵光乍现

你还知道哪些关于乌鸦的知识？

"变形"的大雁

秋天到了，天空很蓝，凉爽的秋风从远处吹来，花香扑鼻，又夹杂着果实的香味，令人神清气爽。

傍晚，虫虫和西西正在院子里打羽毛球。虫虫先发球，只听见"啪"的一声，飞舞起来的羽毛球就像是一只白色的小精灵在空中飞舞，然后飘到西西的面前，西西立马高举起羽毛球拍，向飞来的羽毛球打去。虫虫和西西你来我往，谁也不让谁，谁也不甘示弱。不一会儿，两个人便都大汗淋漓。这时，南南蹦蹦跳跳地走了过来，说："我能和你们一起玩吗?""当然可以。"虫虫和西西异口同声地回答。于是，三个小朋友开启了他们的游戏之旅，院子里充满了欢声笑语。

轮到南南上场了，南南**目不转睛**地盯着西西手里的球，目光随着羽毛球飞行的路线移动。突然，他看见天空中有一群大雁鸣叫着飞来，于是他兴奋地叫道："快看，大雁！"虫虫和西西闻言抬头看向天空。

　　"哇，真是太壮观了。"西西指着空中的雁群说道。

　　"它们这是要飞到哪里去呀？"虫虫不解地问。

　　"它们这是要飞到南方温暖的地方去过冬。大雁属于候鸟，每到秋冬季就会从北方出发，**成群结队**飞到南方过冬。等到第二年春天，它们会再次踏上旅途，返回北方繁衍后代。"南南介绍道。

　　"咦！你们看，它们的队形像不像大大的'人'字？"西西指着天上的雁群说。

"真的耶。"虫虫笑着回答。

"雁群在长途迁徙的过程中，队形非常整齐且有规律，不是'人'字形，就是'一'字形。"南南说。

"它们为什么要排成这样的队形呢？各飞各的不是更好吗？"西西笑道。

"大雁的迁徙旅程很长，需要飞1～2个月呢！如此**长途跋涉**，仅靠一只大雁自身的力量是很难完成这么遥远、这么艰巨的长途旅行的，必须相互帮助才能飞得又快又远。"南南否定地摇摇头。

"相互帮忙？"西西好奇地问。

"是的。你看，天上的大雁是不是有的在扇动翅膀，有的张开翅膀在空中滑翔？"南南反问。

西西点头道："看见了，有什么问题吗？"

"有些科学家认为，大雁的一次迁徙旅程较长，因此它们需要最大限度地保持体力。于是它们会选择一只大雁作为领头雁飞在最前面，当领头雁奋力扇动翅膀的时候，它的翅膀尖上就会产生一股微弱的上升气流，排在后面的大雁就可以依次利用这股上升气流滑翔，飞行的时候就可以省一点力气。如此一只跟着一只就组成了'人'字形或者'一'字形。明白了吗?"南南解释道。

"我明白了。"西西点点头,"那领头雁也太惨了吧！要一直扇动翅膀,它不累吗?"

"领头雁当然也会累啦！领头雁因为没法利用上升气流,很容易疲劳。所以雁群在迁徙的过程中会经常变化队形更换领头雁。就这样,雁群在彼此的帮助下,完成长途飞行的艰巨任务!"南南回答道。

"那这些领头雁一定是雁群中的大力士吧!"虫虫笑道。

"这就不得而知了。不过雁群的领头雁都是很有经验的迁徙老手,它们都拥有很强的定向能力,要保证整个雁群不会飞离固定的迁徙路线。迷了路可不是好事!"南南解释道。

"嗯,就像我上次迷路一样,要不是爸爸妈妈找到了我,我就回不去了。"西西点头表示理解。

"除了节省体力的说法外,排队群飞还有利于防御敌害,毕竟**长途跋涉**,碰到天敌的可能性还是很高的,单一飞行很可能没飞多久就成为天敌的盘中餐啦!"南南笑道,"而且任何大雁都要迁徙过冬,幼雁也在其中,它们大多插在队伍的中间,不仅可以利用向上的气流防止掉队,还可以受到保护。"

"哇,没想到雁群的学问这么深。"西西拍手道。

"你懂的可真多呀!"虫虫羡慕地说。

"嘿嘿……这都是我从书上了解到的。"南南害羞地说道。

此时,天空中的雁群已经渐行渐远,慢慢地消失在天空中。

课本联通

秋天最美是黄昏。夕阳斜照西山时，动人的是点点归鸦急急匆匆地朝窠里飞去。成群结队的大雁，在高空中比翼而飞，更是叫人感动。夕阳西沉，夜幕降临，那风声、虫鸣，听起来也愈发叫人心旷神怡。

义务教育教科书语文五年级节选

科学进阶

大雁是雁属鸟类的通称，体羽大多为褐色、灰色或白色。全世界共有9种大雁，我国就占7种。除了白额雁外，常见的还有鸿雁、豆雁、斑头雁和灰雁等，在民间通称为"大雁"。

大雁是人们熟知的鸟类类群之一，在迁徙时总是几十只、数百只，甚至上千只汇集在一起，列队而飞，古人称之为"雁阵"。"雁阵"由有经验的"头雁"带领，加速飞行时，队伍排成"人"字形；一旦减速，队伍又由"人"字形换成"一"字长蛇形，这是为了长途迁徙而采取的有效措施。大雁的行动很有规律，有时边飞边鸣，不停地发出"呀啊呀啊"的叫声。大雁的迁徙大多在黄昏或夜晚进行，旅行的途中还要经常选择湖泊等较大的水域进行休息，寻觅鱼、虾和水草等食物。每一次迁徙都要经过大约1～2个月的时间，途中历尽千辛万苦。

灵光乍现

你从大雁身上受到了哪些启发？

神秘月球

很久很久以前，有一个美丽富饶的森林王国。那里鲜花四季开放，野果挂满枝头。小猴子在树间荡来荡去，梅花鹿在泉边喝着甘甜的泉水，小兔子在草丛里自由嬉戏着……森林王国的居民们安居乐业，生活充满着欢声笑语。

花栗鼠皮皮是森林王国里出了名的调皮王。这天，他趁妈妈不注意，偷偷跑到森林中玩耍，无意中发现一座像一顶帽子的奇怪的"房子"。皮皮好奇地走了进去，谁知，他刚进门，门就关上了。随着"轰隆隆"的巨响，"房子"竟然飞起来了。

皮皮被吓得边哭边喊："这'房子'怎么在动？快开门放我出去！我要回家！"

熊博士听见哭声后才转过头，发现皮皮也进来了，他安慰着皮皮："皮皮别哭，这是我发明的一艘飞船，正飞往太空。既然已经出发了，你就跟我一起去月球看看吧！"

"月球？那我是不是能见到传说中的嫦娥姐姐了？"皮皮擦擦

眼泪，兴奋地说。

"等到了你就知道了。"熊博士回答说。

"真好，我可以见到嫦娥姐姐了！"皮皮高兴极了。

皮皮透过窗户，看到外面的天空逐渐由深蓝变成浅蓝，地球也渐渐变成了一个球体。

皮皮正**目不转睛**地看着窗外的景色，突然发现自己慢悠悠地飘了起来。他**惊慌失措**地大喊："熊博士，救救我啊！我飘起来了！"可转头一看，熊博士居然也飘在空中。

熊博士不急不慢地说："别害怕，这是太空中的失重现象。"

"失重？那是什么？"皮皮**疑惑不解**。

"物体进入太空后，将不再受到地球引力的影响，而是在自由落体状态下运动。这意味着物体在太空中会失去重力的影响，出现'失重现象'，就像我们现在一样。在失重状态下，我们可以进行各种奇特的活动。"说完，熊博士来了一个旋转。

"嘿嘿，我会功夫了。"皮皮也学着博士的样子做了一个旋转。

突然，皮皮看到窗外有个长得**奇形怪状**的东西，兴奋地喊道："博士快看！那是什么？"

熊博士顺着皮皮的手望去，笑着说："那是空间站，是人类的宇航员在太空工作和生活的地方。"

皮皮挠了挠头，又问："这么大的空间站是怎么造出来的啊？"

熊博士笑笑，说："空间站由许多个舱室组成，人类利用宇宙飞船将舱室一个一个带入太空，再组装起来，就建好了。"

在皮皮和熊博士的一问一答中，飞船**不知不觉**就抵达月球了。皮皮看向月球，觉得很奇怪：怎么月球上有的地方那么明亮，有的地方却很暗淡呢？皮皮刚想问个明白，熊博士发话了。

"走吧，我们去月球上看看。"熊博士说完，穿上特制的宇航服率先下了飞船，走了出去。

"等等我，博士。"皮皮穿上宇航服立马跟着走了出去。

来到月球上，皮皮发现月球表面**凹凸不平**，有许多大坑，便问："博士，月球上为什么会有这么多大坑啊？"

"月球没有大气层的保护，这些大坑是陨石击中月球后留下的，这些**星罗棋布**的凹坑被称为'月坑'。"熊博士说。

"月坑？它看起来就像妈妈用来装菜的盘子。"

"哈哈哈，其实月坑又叫环形山。你看，环形山与地球上的火山口地形很相似。环形山的中间，地势低平，有的还分布着小

的山峰。山的内侧比较陡峭，外侧则比较平缓。"

"博士，我刚刚看到月球上有的地方很明亮，有的地方很暗，这是怎么回事呢？"

"我们用肉眼遥望月球看见的大面积的阴暗区叫作月海。月海虽叫作'海'，但徒有虚名，因为它滴水不含，只不过是较平坦的大平原。"

"那为什么叫'月海'呢？"

"早期的人类观察者发现月面有部分地区较暗，其反光度比其他地方低。而在当时无法清晰观察到月球表面的情况下，观察者们按照其对地球的认识，猜测该地区为海洋，所以叫'月海'。"

"我知道，那其他比较明亮的地方就是月陆咯！"

"没错，真聪明。"

"月球和地球一样，有山峰、平原、盆地，可为什么就是没有水呢？"皮皮绕月球走了一会儿说。

"月球表面太阳无法照射到的地方，有着黑暗寒冷的极地陨坑。根据人类科学家最新的研究成果，这些"冷冻陷阱"里保存着月球表面几十亿年来深藏的秘密——水冰。不过，要了解月球上的水资源，还有许多工作要做。因此这些水冰的深度目前还不

能确定，具体来源也有待研究。"

"等我长大了我也要加入探索月球的行列。"

在月球上逛了一会儿，皮皮发出疑问："咦，怎么不见嫦娥姐姐的身影呢?"

"嫦娥仙子是人类创造的神话人物，当然不可能出现在这里呀。"熊博士解释道。

"好吧，我还以为能一睹她的芳容呢。"皮皮失望地说。

"你知道月球的夜晚有多长吗?"

"多长?"皮皮摇摇头，问道。

"大约 14 天。"

"14 天? 博士，我们晚上就在这里睡觉可以吗? 嘿嘿，想想就兴奋。"

"那可能要让你失望了，虽然月球的夜晚很长，但是月球的夜晚很冷，你这个觉睡得可不舒服! 月球的昼夜温差很大，白天非常热，最高温度能达到 150℃。而夜晚则非常冷，最低温度能低到零下 180℃。所以我们要穿上特制的衣服才能登陆月球。"

"我真希望地球的夜晚也能像月球的夜晚那么长，这样我就可以一觉睡 14 天了。"

"哈哈哈……我们可改变不了自然规律。"

过了一会儿，熊博士说："好了，参观完了，我们回去吧。"

当皮皮回到飞船里，看着越来越远、越来越小的月球时，他暗暗下定决心:以后再也不闯祸了，向博士学习，努力探索太空。

课本联通

　　我们这些孩子，什么都觉得新鲜，又常常什么都觉得不满足。中秋的夜里，我们在院子里盼着月亮，好久却不见出来，便坐回中堂里，放了竹窗帘儿闷着，缠着奶奶说故事。奶奶是会说故事的，说了一个，我们还要她再说一个……奶奶突然说："月亮进来了！"

义务教育教科书语文五年级节选

科学进阶

　　月球是太阳系中体积第五大的卫星，其直径为 3 476 千米，大约只有地球的四分之一；质量则接近 7.342×10^{22} 千克，相当于地球的 0.0123 倍。月球的表面布满了由小天体撞击形成的撞击坑。月球与地球的平均距离为 384 400 千米，大约是地球直径的 30 倍。

　　月球具有与地球相似的流体外核和固体内核。月球是地球的天然卫星，月球以圆形轨道绕地球运转，周期为 27.32 日。月球在绕地球公转的同时进行自转，周期为 27.32166 日，正好是一个恒星月。月球的自转与公转的周期相等，因此月球始终以同一面朝向地球，所以我们看不见月球的背面。

灵光乍现

1　关于月球的诞生，你知道有哪些说法吗？

2　你知道月食现象是怎么一回事吗？

书 的 由来

秋天到了，一片片泛黄的树叶接力似的扑簌簌地往下落，落在地上就像给大地铺上了一层金黄的地毯。

森林的清晨很宁静，小动物们都还在呼呼大睡，而此刻，最爱读书的小狮子正在一棵高大的树下，拿着一本厚厚的书认真地阅读着。

森林里就数小狮子懂得最多：哪种小动物会看病，哪种树会预报天气，哪种花会报时……所以大家都叫他"智多星"。

正当小狮子看得津津有味时，一只小蜜蜂"嗡嗡嗡"地飞了过来。"小狮子，别看了，和我一起去玩吧。"小蜜蜂向小狮子发出邀请。

"不行哦，我还要看书呢！"小狮子抬头看着小蜜蜂，微笑着拒绝了。

过了一会，小羊来了，"小狮子，我们一起去水边玩吧。"

"不好意思啊，我还要看书呢。"小狮子拒绝了。

"走吧，别看了，看书的同时也要好好休息呀。"

"你自己去吧，别打扰我看书了。"小狮子有点不耐烦了。

"好啊，你不是号称'智多星'吗，那我考考你，你知道书是从哪里来的吗？"小羊有点生气地说。

"当然是从书店买的呀。"小狮子斩钉截铁地说。

"我当然知道书是从书店买的，我的意思是书是怎么产生的？它经过了哪些发展阶段？"

"这……我不知道。"小狮子如实相告。

"这都不知道，还敢号称'智多星'！"说完，小羊头也不回地走了。

小羊走后，小狮子看着手上的书陷入了沉思，他垂头丧气地说："以前大家都叫我'智多星'，我每天沉浸在大家的赞美中无法自拔，就真以为自己无所不知了，原来我不是。"

这时，小狮子的妈妈来叫

小狮子回家吃饭，看见小狮子**愁眉苦脸**的样子，就问："孩子，你怎么了？"小狮子便将事情的**来龙去脉**一五一十地告诉了妈妈。

妈妈说："原来是这样呀，别伤心了，人无完人，你已经认识到了自己的问题，下次改正就好了。关于书是从哪里来的问题，等吃完饭，我带你去博物馆看看。"

小狮子和妈妈吃过饭后来到了博物馆。博物馆坐落在森林的中心，外观看起来像一座宇宙飞船。博物馆门前**人山人海**，小狮子和妈妈一起排队等待入场，他们排了好久才进入博物馆。走进博物馆，小狮子和妈妈直奔二楼的历史馆，径直走到一个玻璃展柜前，展柜里面放着一条条干枯的打着结的麻绳。

"你能说出这些绳子是干什么用的吗？"妈妈发问。

"我知道，绑东西的。"

"不是，这是用来记事的，也是最早的书。"

"最早的书？"小狮子听得**目瞪口呆**。

"是的。在很早以前，原始人类还没有发明文字，而在一些部落里，为了把本部落的风俗传统和传说以及重大事件记录下来，流传下去，便用不同粗细的绳子，在上面打成不同距离的结。人们称这种方法为'结绳记事'。另外绳子粗细，每种结法，以及结的距离、大小不同表示不同的意思。"

"我懂了。人类真聪明。"小狮子点点头说。

"妈妈，你快来看，这里还有画满了**奇形怪状**的符号的乌龟壳。"小狮子来到另外一个展柜前。

"这个呀，也是书。"

"啊，这也是书？"

"是的。你刚刚发现的符号其实是古代中国人发明的文字，人们把它叫作'甲骨文'，是汉字的'祖先'。"

"哦，原来它是汉字的老大呀。"

"哈哈哈，是的。甲骨文是迄今为止中国发现的年代最早的成熟文字系统。你看，这个像一轮弯弯的月亮的符号就是"月"字，这个像一个人弯腰作揖的符号就是"人"字。"

"哇，甲骨文也太有趣了吧。"

"是的。甲骨文是古人智慧的结晶，等你长大了，可以自己去学习研究甲骨文。"

小狮子和妈妈又来到了另外一个展柜前，这里陈列着许多竹片和木片。小狮子仔细看了看，骄傲地对妈妈说："妈妈，现在您带我看的是不是叫'竹简'？上课的时候老师说过。"

　　"正确。你看，古人把竹子或者木头削成长条形的小片，再用绳子把这些竹片或木片的两端编起来，编完后就可以用毛笔在上面写字了，等墨迹干了就可以把它卷起来存放了。用竹片做的就叫作'简'，用木片做的就叫作'牍'，合起来就叫作'简牍'。这也是古代的一种书，而且比刻在龟甲和兽骨上方便多了。"

　　"哦，原来是这样。"

　　妈妈带着小狮子边走边说："尽管简牍比刻画甲骨要方便很多，但是，书写和运输仍然很麻烦。据说在中国古代有一位大臣给皇帝写了一份报告，用了上万片竹片，要请好几个身强力壮的侍卫才能抬进皇宫。"

　　"啊！一份报告就这么重啊？"

　　"是啊。所以，后来人们又想到可以在布帛上写字。古人把用棉麻制成的布叫作'布'，用丝

竹简

绸做成的布叫作'帛'，用布帛写成的书叫作'帛书'。你看这个就是帛书。"妈妈指着一个展柜里面已经腐朽的帛书说。

"帛书看起来要比简牍轻便多了。"

"是的。但是，在古代，布帛非常**昂贵**，普通老百姓连一般的布衣都穿不起，哪还有多余的布料用来写字啊，更不用说高档的丝绸了。所以，帛书的使用只限于达官贵人。不过这也难不倒聪明的人类，后来人们又发明了便宜的纸。"

"这个我知道，是东汉一个叫蔡伦的人发明的。"

"你还知道蔡伦啊！不过你说的不完全准确，纸在蔡伦之前就被发明出来了，但由于早期纸张的生产工艺比较复杂，原料也不好找，因此没有传播开来。蔡伦在总结前人经验的基础上，改进了造纸术，用树皮、杂草、废旧布料、烂渔网等原料造纸，造出来的纸不仅经久耐用，而且非常便宜。所以，从那时起，纸的使用就得到了普及，普通老百姓都可以用上纸，在纸上写字了。"

"我知道，我之前看的书就是用纸做的呢。妈妈，你说了这么多古代的书，那现代的书是怎么造出来的呢？"

"现在我们常用的书都是在印刷厂印制出来的。要把文字变成书，需要经过排版、编校、出片、拼版、晒版、印刷、折页、裁切、装订等几十道工序才能完成。印刷好之后，还要经过仓储、运输，送货到书店里，再通过售货员的整理、上架、维护，最后才将一本崭新的书交到你的手上。懂了吗？"

"知道了。"

"书籍是全世界的营养品，是我们最好的精神养料，我们要爱惜每一本书。好了，关于'书'的知识就讲解到这里，我们回家吧。"

"好的。"

小狮子跟着妈妈**依依不舍**地离开了博物馆。通过今天的参观，小狮子对"书"又有了新的认识，**受益匪浅**。

课本联通

　　渐渐地，连环画一类的小书已不能使我满足了，我又发现了一块"绿洲"——小镇的文化站有几百册图书！我每天一放下书包就直奔那里。几个月的工夫，这个小图书馆所有的文艺书籍，我差不多都借阅了。我读得很快，囫囵吞枣，大有"不求甚解"的味道。吸引我的首先是故事，是各种人物的命运遭遇，他们的悲欢离合常常使我牵肠挂肚。

　　莎士比亚说："书籍是全世界的营养品。"对像我这样如饥似渴阅读的少年来说，它的功用更是不言而喻。醉心阅读使我得到了报偿。从小学三年级开始，我的作文便常常居全班之冠。阅读也大大扩展了我的想象力，在家对着一面花纹驳杂的石墙，我会待上半天，构想种种神话传说。

义务教育教科书语文五年级节选

科学进阶

　　书是人类用来记录历史、传承经验、教授知识的重要媒介，对人类文明的发展贡献巨大。

灵光乍现

1 除了故事中介绍的书写材料，你还知道哪些东西被当作书写材料吗？

2 你还知道哪些关于书的知识呢？